U0829677

权威·前沿·原创

皮书系列为

“十二五”“十三五”国家重点图书出版规划项目

BLUE BOOK

智库成果出版与传播平台

澜湄合作蓝皮书

BLUE BOOK OF
THE LANCANG-MEKONG COOPERATION

澜沧江 - 湄公河合作发展报告（2019）

REPORT ON THE DEVELOPMENT OF THE LANCANG-MEKONG COOPERATION (2019)

主　编／刘　稚
副主编／卢光盛

社会科学文献出版社
SOCIAL SCIENCES ACADEMIC PRESS (CHINA)

图书在版编目(CIP)数据

澜沧江－湄公河合作发展报告．2019／刘稚主编．－－北京：社会科学文献出版社，2019．12
（澜湄合作蓝皮书）
ISBN 978－7－5201－5854－1

Ⅰ．①澜…　Ⅱ．①刘…　Ⅲ．①澜沧江－流域－国际合作－区域经济合作－研究报告－2019②湄公河－流域－国际合作－区域经济合作－研究报告－2019　Ⅳ．①F127．74②F125．533

中国版本图书馆CIP数据核字（2019）第278943号

澜湄合作蓝皮书
澜沧江－湄公河合作发展报告（2019）

主　　编／刘　稚
副 主 编／卢光盛

出 版 人／谢寿光
责任编辑／郭白歌

出　　版／社会科学文献出版社·国别区域分社（010）59367078
地址：北京市北三环中路甲29号院华龙大厦　邮编：100029
网址：www．ssap．com．cn
发　　行／市场营销中心（010）59367081　59367083
印　　装／三河市东方印刷有限公司

规　　格／开　本：787mm×1092mm　1/16
印　张：13．75　字　数：203千字
版　　次／2019年12月第1版　2019年12月第1次印刷
书　　号／ISBN 978－7－5201－5854－1
定　　价／128．00元

教育部人文社会科学发展报告项目资助

云南大学澜沧江－湄公河次区域研究中心
云南大学周边外交研究中心

主编、副主编简介

主　编

刘　稚　云南大学澜沧江-湄公河次区域研究中心主任，研究员，博士生导师，中国东南亚研究会副会长，主要研究领域为澜沧江-湄公河次区域合作、中国与东南亚的跨界民族及沿边开放。

副主编

卢光盛　云南大学国际关系研究院副院长兼云南大学东南亚研究所所长，云南大学周边外交研究中心首席专家，教授，博士生导师，中国东南亚研究会副秘书长。主要研究领域为东南亚国际关系、周边外交、澜湄合作。

摘　要

发源于中国青藏高原唐古拉山的澜沧江（出境后称为湄公河）素有“东方多瑙河”之称，自北向南流经中国、缅甸、老挝、泰国、柬埔寨、越南六国，全长4880公里，是亚洲一条重要的国际河流。中国与湄公河流域国家山水相连，人文相通，是天然的合作伙伴。在合作日益深化、利益交融的基础上，2016年3月23日澜沧江－湄公河合作（简称澜湄合作）首次领导人会议在海南三亚成功举行，正式启动了“澜沧江－湄公河合作”机制，从而标志着“同饮一江水、命运紧相连”的沿岸六国在共同主导、协调推进次区域合作方面取得了历史性的重大进展，新机制将打造更为紧密、互利合作的澜湄国家命运共同体，为该区域的合作与发展注入新的活力。

澜湄合作启动三年多来，在中方的积极推动和相关各国的共同努力下，在政治安全、经济和可持续发展、社会人文三大支柱和互联互通、产能、跨境经济、水资源、农业和减贫五个优先领域的合作都取得了重要的进展。与此同时，随着国际和地区形势的发展变化，澜湄合作也面临着新的问题和挑战。在此形势下，云南大学澜沧江－湄公河次区域研究中心继续深入追踪分析该区域2018年以来的合作进展，以把握全面、突出重点为宗旨，推出《澜沧江－湄公河合作发展报告（2019）》，从三个层面系统介绍和研究2018年以来澜沧江－湄公河合作的热点和重点问题，展望次区域合作的发展趋势，并对我国推进澜沧江－湄公河次区域合作深入发展提出相关对策建议。

全书分为三部分。第一部分“总报告”对2018年以来澜沧江－湄公河合作的进展、面临问题和发展趋势进行全面分析、总结和展望。第二部分“专题篇”围绕中日在湄公河地区开展第三方市场合作、中国与湄公河国家跨境经济合作区建设、中缅经济走廊建设和云南的参与、环境政治对中国参与澜湄合作的影响等热点问题进行专题研究和深入分析，并对新形势下我国推进澜沧江－湄公河合作的策略、重点和路径提出相关对策建议。第三部分“区域篇”则从参与澜沧江－湄公河合作的相关国家入手，着重分析2018年各成员国的政治、经济、外交形势及对澜沧江－湄公河合作产生的影响，并介绍相关成员参与次区域合作的具体进展和政策措施。

Abstract

The Lancang - Mekong River, known as "the Oriental Danube", is an important international river in Asia. With a total length of 4880 km, it originates in the Tanggula Mountains on the Qinghai - Tibet Plateau and flows through China, Myanmar, Laos, Thailand, Cambodia and Vietnam. These countries, connected by mountains and rivers, as well as shared cultures, are close cooperation partners. Based on increasingly deepening cooperation and common interest, the first Lancang-Mekong Cooperation leaders' meeting was held in China's Sanya City on March 23, 2016. It marked the official launch of the Lancang-Mekong Cooperation (LMC), and was also part of the historic progress jointly achieved by the six Lancang-Mekong countries in shaping and advancing their partnership in the region. The LMC aims to build a community with closer partnership, win-win cooperation and a share future, thus injecting new vitality to the development of the subregion as a whole.

With the concerted efforts of its member countries over the past three years since its inception, the LMC has made remarkable achievements in three cooperation pillars, namely (1) political and security issues, (2) economic and sustainable development, and (3) social, cultural and people-to-people exchanges; and five key priority areas, namely connectivity, production capacity, cross-border economic cooperation, water resources, agriculture and poverty reduction. In the, it also faces emerging challenges with the ever-changing international and regional situations. In this connection, the Center for LMC Studies of Yunnan University, compiles this report based on an extensive study on the progress of the LMC since 2018, providing a systematic and in-depth analysis on new hotspot and crucial issues and prospects of the LMC.

The report is divided into three parts. The first part, General Report, is an overview of the progress, challenges and development trend of the LMC since

2018. The second part, Special Topics, explores a range of hotspot topics including the third-party market cooperation carried out by China and Japan in the Lancang-Mekong subregion, the development of cross-border economic cooperation zones jointly launched by China and Mekong countries, the development of the China-Myanmar Economic Corridor and Yunnan's engagement, as well as the impact of environmental politics on China's engagement in the LMC. Based on such analysis, it also comes up with the suggestion on strategies, priorities and paths for China to advance the LMC. The third part, Countries and the LMC, focuses on the political, economic and diplomatic situations in the Lancang-Mekong countries in 2018, as well as their impacts on the LMC. This part also updates the specific policies adopted by these countries in relation to the LMC.

目 录

Ⅰ 总报告

Ⅱ 专题篇

Ⅲ 区域篇

CONTENTS

I General Report

II Special Topics

Ⅲ Countries and the LMC

总 报 告

General Report

B.1 澜湄合作的新进展与发展趋势（2018～2019）*

刘 稚 邵建平**

摘 要： 2018年以来，澜沧江－湄公河合作取得了更为显著的进展。中方与各成员国在“3＋5＋X”框架下涵盖农业减贫、经济合作、生态与可持续发展、水资源跨境分配等领域的合作深入开展，澜湄合作因各方深入有效的参与而更加亲民务实。与此同时，国际形势和区域环境的新变化也对澜湄合作提出了更高要求。在今后一段时间内，澜湄合作将适应国际和区域环境的发展变化，不断提升区域合作能力与地区开放水平，

* 本报告为2015年国家社科基金重大项目“‘一带一路’视野下的跨界民族及边疆治理国际经验比较研究”（批准号：15ZDB112）的阶段性成果。

** 刘稚，云南大学澜沧江－湄公河次区域研究中心主任，研究员，博士生导师，中国东南亚研究会副会长；邵建平，博士，红河学院越南研究中心副教授。

着力打造澜湄命运共同体，促进澜湄地区的区域合作向更高层级迈进。

关键词： 澜湄合作　澜湄机制　澜湄六国　区域合作

澜沧江－湄公河相连的中、缅、老、泰、柬、越六国经济关联性、互补性突出，是天然的合作伙伴。作为一个新型的次区域合作机制，澜沧江－湄公河合作遵循协商一致、自愿参与、平等互利的原则，坚持多方共同参与机制框架下的相关合作，不仅加深了湄公河流域国家与中国的地缘联系，也推动了澜湄流域国家的经济发展；一系列中小型合作项目落地实施，基本实现了“天天有进展，月月有成果，年年上台阶”的发展目标。澜湄合作机制成立以来，各成员国合作意愿不断高涨、经济融合程度逐步提升，次区域合作显现出稳中求进的积极态势。

2018 年以来，澜湄合作机制成员国之间的合作更加紧密，中国在澜湄合作机制建设与发展的过程中作用日益突出。作为澜湄合作专项基金的主要筹措方，中国对湄公河流域国家进行了有力的经济扶持与技术支持，加快了澜湄合作机制成员国的经济发展速度和现代化水平，在民生问题上取得了诸多有益成果。在澜湄合作中，各方充分借鉴了中国既有的减贫经验并共同制定了减贫合作规划，为打造繁荣而稳定的澜湄国家命运共同体创造了有利条件，并促成了农业合作项目的稳步运行。在水资源合作方面，澜湄合作机制将水资源问题放在优先位置，为水资源的合理分配与协调管理提供了平台。通过组建水资源协调工作组，澜湄合作机制聚焦于水文共享与防汛治理，填补了原有机制在水资源利用合作方面的空白。在产能合作方面，澜湄合作机制深化了各成员国之间在铁路、公路、电力等领域的友好合作，有助于提升湄公河流域各国的工业制造能力，可以帮助相关国家建立更为完善的工业体系，从而为缩小地区发展差距做出贡献。

自 2016 年澜沧江－湄公河合作启动以来，六国以五大优先领域的合作为抓手，创造了令人瞩目的澜湄模式，同时也推动了东盟共同体的建设和联合国 2030 年可持续发展议程的落实。目前，澜湄合作机制正在与中国发起的“一带一路”倡议和湄公河国家发展战略进行对接，同时结合东盟 2025 年互联互通总体规划进行筹划，深化中国与东盟的合作。根据《澜沧江－湄公河合作五年行动计划（2018～2022）》，2018～2019 年是澜湄合作的稳步奠基阶段，2020～2022 年则是澜湄合作的深化推广阶段。当前，澜湄合作正处于由培育期转向发展期的关键阶段，需要进一步提升澜湄六国之间的合作层次，促成其他领域的合作，注重湄公河流域内合作机制之间的相互协调。同时，面对当前国际上单边主义、保护主义的冲击，地处中美贸易摩擦“风口地带”的澜湄六国也更需要通过增进区域合作“抱团取暖”，坚持开放包容、互利共赢，共同应对外部挑战。

一　澜湄合作的新进展

在各成员国的共同努力下，澜湄合作取得了丰硕的成果，澜湄合作机制已成为次区域最具活力和发展潜力的合作机制之一。2018 年以来，澜湄合作的框架正逐步完善。其一，澜湄六国在产能合作领域取得新突破，主要就铁路、公路、水电等领域开展大型建设项目，实现了高质量的产能合作，培育了新的经济增长点。其二，澜湄六国顺利实施了第一批澜湄合作专项基金支持项目，从优先合作领域向教育、媒体、医疗等领域拓展，项目内容得以丰富。此外，澜湄六国正全面提升水资源合作与管理水平，民生项目符合各国人民利益。其三，澜湄六国共同策划了首个澜湄活动周，将青年交流、智库论坛、企业峰会与文化演出有机结合，展示了澜湄合作的独有魅力。其四，澜湄六国成功举办了各类合作论坛，例如澜湄水资源合作论坛、澜湄产能合作论坛和全球湄公河研究中心智库论坛。各项活动的有效开展，不仅为实现湄公河流域的可持续发展做出了贡献，也在促进次区域经济繁荣方面发挥了更大作用。其五，澜湄合作秘书处和协调机构的首次培训获得圆满成功。这表明澜湄合作着力于提高自身的专业化水平，并为此付诸了实质性的努力。

2018 年 12 月 17 日，澜沧江 – 湄公河合作第四次外长会议在老挝琅勃拉邦召开，会议发布了《联合新闻公报》、公布了《〈澜湄合作五年行动计划〉2018 年度进展报告》，并公开了澜湄六国智库共同撰写的《澜湄流域经济发展带研究报告》。此外，会议还宣读了“2018 年度澜湄合作专项基金支持项目清单”，发布了澜湄合作会歌《澜湄友谊河》。① 本次会议旨在对澜湄合作第二次领导人会议所探讨的问题进行落实，并为第三次领导人会议做好准备。澜湄六国一致认为，“要以打造澜湄流域经济发展带为重点，开展产能、创新、民生、环保等领域合作，不断加强机制建设，推动澜湄合作与次区域其他机制优势互补、相互促进，为次区域经济社会发展做出更大贡献”②。澜湄六国的外长们表示，愿意充分发挥各自比较优势，携手推动 2019 年 12 月在中国举行的第五次外长会议和 2020 年 1 月在老挝举行的第三次领导人会议取得圆满成功和积极成果。③

（一）三大支柱领域合作继续深化

澜湄六国政治互信不断增强，互动频繁并总体保持合作态势，主要通过高层对话、外长会议、高官会议、优先领域联合工作组会议等方式来扩大利益融合，促进湄公河流域的稳定发展。在澜湄合作的倡议下，各成员国在地区合作和相关国际问题上都保持了较好的沟通与协调。

1. 政治安全领域的新进展

澜湄六国政府针对澜沧江 – 湄公河合作提出建设性意见和倡议，明确同意加强澜湄合作要兼顾各国利益，尤其要关注湄公河下游国家对水资源问题的关切，提高澜湄六国的集体行动能力。2018 年以来，澜湄六

① 《澜沧江 – 湄公河第四次外长会举行》，人民网，2018 年 12 月 17 日，http：//world. people. com. cn/n1/2018/1217/c1002 – 30472131. html。

② 《“一二三四五六”——看澜湄合作的不平凡历程》，澜沧江 – 湄公河合作，2019 年 1 月 7 日，http：//www. lmcchina. org/zyxw/t1627463. htm。

③ 《澜湄合作第四次外长会联合新闻公报（全文）》，新华网，2018 年 12 月 17 日，http：//www. xinhuanet. com/world/2018 – 12/17/c_ 1123866664. htm。

国领导人之间仍然保持了频繁的互访和在多边场合会面。在互访和会面过程中，各国领导人就澜湄合作进行了密切的沟通。通过高层对话和领导人互访，澜湄合作机制得到了各国政府和有关部门的切实支持。澜湄六国除了进行了高频次、高效率的高层对话和互访外，还就优化机制建设和完善工作框架做出了不懈努力。2019 年 5 月 6 日，澜湄合作六国秘书处及协调机构第二次培训开班仪式在昆明举行，各成员国希望能够进一步加强澜湄国家秘书处和协调机构联络机制能力建设，推动澜湄合作朝着规范化方向继续发展，并对历次领导人会议和外长会议成果进行有效落实。①

2. 经济和可持续发展领域的新进展

为继续加强经济合作，澜沧江－湄公河合作第二次领导人会议宣布启动《澜湄国家跨境经济合作五年发展规划》的编制工作，各国就经济和可持续发展领域的有关规划达成共识。中方承诺在 2019～2020 年为湄公河五国提供 70 亿元人民币援外优惠贷款，将基建工程和改善民生放在首要位置。总体来看，2018～2019 年澜湄经贸合作的规模日益扩大，中国继续保持湄公河地区最大贸易伙伴国的地位，中方的投资成为区域内经贸合作的强劲支持。澜湄合作坚持将经济和可持续发展作为重要支柱，在民生问题和减贫领域保持了良好的合作势头，各成员国之间在基础设施建设和互联互通方面对接顺利，跨境经济合作取得了一定成效。2018 年，中越两国双边贸易额达 1478.6 亿美元，增长 21.2%；中老双边贸易额为 34.7 亿美元，同比增长 14.9%；中缅双边贸易额为 152.4 亿美元，同比增长 13.1%；中泰双边贸易额为 875.2 亿美元，同比增长 9.2%；中柬双边贸易额为 73.9 亿美元，同比增长 27.6%。② 2018 年，越南与老挝的贸易额达 10 亿美元，

① 《澜湄合作六国秘书处/协调机构第二次培训昆明开班》，中国新闻网，2019 年 5 月 6 日，http://www.chinanews.com/gn/2019/05－06/8828699.shtml。

② 2018 年中国和湄公河五国间贸易数据均来自中华人民共和国外交部网站，https://www.fmprc.gov.cn/web/。

同比增长13%；[①] 越柬贸易额近47亿美元，同比增长23.8%；[②] 泰国继续保持越南在东盟的最大贸易伙伴国地位，双边贸易额达175亿美元；[③] 越缅双边贸易额达8.74亿美元，较2017年增长5.5%。[④] 泰国继续保持老挝第一大贸易伙伴国地位，截至2018年10月，老泰双边贸易额达44亿美元。[⑤] 泰国和柬埔寨双边贸易额则达83.89亿美元，增长了35.5%。[⑥] 在投资方面，澜湄流域国家间的相互投资也继续蓬勃发展。截至2018年底，中方对越直接投资存量96.8亿美元；2019年前6个月，中国在越南的投资快速增长，已经成为越南最大的外资来源国。2018年，中国继续保持老挝、柬埔寨的最大外资来源国地位。截至2018年底，越南在老挝共投资409个项目，投资额达41亿美元，为老挝第三大投资来源国。[⑦]

3. 社会人文领域的新进展

2018年以来，澜湄合作框架下的人文交流内涵更加丰富，青年对话成为湄公河流域多边合作和双边合作的新亮点。澜湄合作的不断深化促进了各成员国在人文领域的有效交流，各成员国尤其在文化和教育方面互动较多，澜湄六国积极举办各类文体活动，为湄公河国家之间增进地区友谊贡献力量。湄公河流域文化遗产历史悠久，澜湄六国在文化层面上存在交互联系，

---

① 《2018年老挝与越南贸易额增长13%》，中华人民共和国驻昆明特派员办事处，2019年2月1日，http：//kmtb.mofcom.gov.cn/article/jingmaofagui/201902/20190202832575.shtml。

② 《越南与柬埔寨之间的经贸合作发展潜力巨大》，越通社，2019年2月25日，https：//zh.vietnamplus.vn/越南与柬埔寨之间的经贸合作发展潜力巨大92408.vnp。

③ 《越南与泰国企业分享在越南运营经验》，越通社，2019年3月14日，https：//zh.vietnamplus.vn/越南与泰国企业分享在越南运营经验/93238.vnp。

④ 《越缅双边合作混合委员会召开第9次会议》，〔越南〕人民报网，2019年3月12日，https：//cn.nhandan.org.vn/political/item/6843901－越缅双边合作混合委员会召开第9次会议。

⑤ 《泰国持续成为老挝第一大贸易伙伴》，中华人民共和国驻老挝人民民主共和国大使馆经济商务参赞处，2019年1月3日，http：//la.mofcom.gov.cn/article/jmxw/201901/20190102823289.shtml。

⑥ 《2018年柬泰双边贸易额逾83亿美元》，《柬华日报》2019年1月23日，http：//jianhuadaily.com/20190123/42870。

⑦ 《2018年老挝与越南贸易额增长13%》，中华人民共和国驻昆明特派员办事处，2019年2月1日，http：//kmtb.mofcom.gov.cn/article/jingmaofagui/201902/20190202832575.shtml。

文化产业合作和教育领域合作能够提升澜湄合作在人文领域的影响力，有利于澜湄合作机制的整体发展。

澜湄六国非常重视发挥媒体在促进彼此之间的了解和信任的引领作用。2018 年 7 月 2 日至 3 日，澜沧江 - 湄公河合作媒体峰会在老挝首都万象举行，会议由人民日报社和老挝新闻文化和旅游部共同主办。作为本次峰会媒体合作的重要成果，《人民日报》（海外版）与老挝《中华时报》、人民网与老挝亚太卫星有限公司、央视国际视通与老挝国家电视台、《环球时报》与缅甸瑞丹伦媒体公司、中国国际电视总公司与老挝亚太卫星有限公司及老挝国家电视台达成合作意向，交换了合作文本。①

澜湄合作正在培育“平等相待、真诚互助、亲如一家”的澜湄文化，人文合作根基深厚。澜湄合作国际电影周、澜湄艺术节、澜湄文化行、澜沧江 - 湄公河中外青年友好交流活动、澜沧江 - 湄公河青年创新创业大赛训练营、“澜沧江 - 湄公河之约”流域治理与发展青年创新设计大赛等具有代表性的人文交流项目，各类活动均按期连续举办。② 2019 年 6 月 5 日，第三届澜沧江 - 湄公河大学生友好运动会暨第五届南亚东南亚国家大学生文化体育昆明交流周开启，本次活动是第二届云南 - 南亚东南亚教育合作论坛的系列活动之一，由云南省人民政府主办，云南省教育厅和昆明理工大学承办。据介绍，相关活动旨在以湄公河国家大学生体育比赛为纽带，为各国青年提供建立友谊、交流互动的平台，促进了中国与东南亚国家高校的人文交流。③随着澜湄合作的推进，湄公河国家之间的高校人才互派活动逐步兴起，现在越来越多的湄公河五国留学生选择赴中国进行学习深造，越来越多的中国学生也开始学习湄公河五国的语言文字，各国人民往来日益频繁，促进了湄公河地区的民心相通。

① 《讲好澜湄合作的精彩故事——2018 澜沧江 - 湄公河合作媒体峰会侧记》，澜沧江 - 湄公河合作，2018 年 1 月 7 日，http：//www. lmcchina. org/hzdt/t1627544. htm。

② 《人文交流是培育澜湄文化的关键》，中华人民共和国中央人民政府，2018 年 1 月 11 日，http：//www. gov. cn/xinwen/2018 - 01/11/content_ 5255748. htm。

③ 《澜湄大学生友好运动会闭幕》，新华网，2019 年 6 月 13 日，http：//m. xinhuanet. com/yn/2019 - 06/13/c_ 138139156. htm。

（二）澜湄合作五大优先领域的进展

目前来看，澜湄合作各领域成果收获超出预期，六国在互联互通、产能项目合作、跨境经济区建设、水资源管理、农业和减贫五大优先流域的合作显著推进，尤其在互联互通与基础设施建设方面取得重要成果，为共同发展奠定了基础。

1. 互联互通领域的新进展

2018～2019 年，澜湄六国由中方牵头，积极推进涉及铁路、公路、水路和航空等方面的基础设施建设，重点对铁路、公路设施的改建和完善进行规划，依据各成员国的实际发展情况，有关合作项目顺利竣工或正处于运营阶段。

在陆路运输项目建设方面，澜湄合作成效显著。从铁路项目建设进展来看，截至 2018 年 12 月，中老铁路项目建设累计完成投资 118 亿元，占项目总投资的 31.5%。中老铁路建设项目的路基、桥梁工程计划完成已招标工程的 95%，隧道工程将完成已招标工程的 90%，铺轨基地和站房工程建设将全面展开。[①] 中缅铁路已经实现昆明－大理段的正式运营，大理－瑞丽段铁路工程也在不断推进，将于 2020 年完工。[②] 由中方承建的越南河内城铁“吉灵－河东”线已经进入工程收尾阶段[③]，轻轨全长约 13 公里，2019 年 5 月初开始运营演练。从公路项目建设进展来看，昆曼国际公路沿线线路不断修建完善，提高了湄公河国家陆上交通的连贯性和通达性，有利于各国提高交通运输效率，极大地缩短了各国进行客货运输时所需的基本时长。

另外应看到，澜沧江－湄公河流域的公路基础设施建设仍处于发展阶段，部分国家基础设施建设相对滞后，产业配套能力亟待提升。此外，澜湄

① 《中老铁路 2019 年将完成九成已招标桥隧工程》，澜沧江－湄公河合作，2019 年 2 月 14 日，http：//www. lmcchina. org/sbhz/t1637899. htm。

② 《中缅官员联合考察中缅铁路昆明－大理段》，澜沧江－湄公河合作，2019 年 2 月 22 日，http：//www. lmcchina. org/sbhz/t1640074. htm。

③ 《中方承建越南河内城铁“吉灵－河东”线有望于 4 月投入运营》，澜沧江－湄公河合作，2019 年 2 月 21 日，http：//www. lmcchina. org/sbhz/t1639821. htm。

合作框架下的基础设施建设仍需加强法律规范与制度建设，重视基础设施建设投资中环境效益与经济效益的结合。为了促使互联互通领域取得新进展，澜湄公路基础设施建设项目需要改变融资模式单一的现状，提高商业银行和私营企业在项目投资中的参与度，提高基础设施建设的盈利能力。①

2. 产能合作领域的新进展

澜湄合作充分利用各成员国的资源禀赋，强调产业合作互补，主要通过技术合作的方式发展基础设施建设、传统制造工业和高新技术产业，推动湄公河次区域的产业结构升级和贸易投资交流。作为第 15 届中国－东盟博览会框架下的高层论坛之一，澜沧江－湄公河国家产能与投资合作论坛于 2019 年 9 月 13 日在南宁隆重召开。本次论坛以“深化产能合作　促进共同发展”为主题，旨在为澜沧江－湄公河国家开展产能与投资合作搭建平台。② 澜湄国家产能与投资合作论坛是落实建立澜沧江－湄公河合作机制的具体实践，有利于打造更高水准的中国－东盟战略伙伴关系，帮助澜湄六国拓展产能合作发展空间。广西作为中国面向东盟开放的国际通道和西南地区的战略支点，肩负形成“一带一路”有机衔接重要门户的“三大定位”新使命，将不遗余力地参与澜湄合作，实现澜湄国家在产能合作领域的互利共赢。③

2018 年 11 月 26 日，由中资企业投资建设的越南永新燃煤电厂一期 BOT 项目顺利完成两台机组同步性能试验及初始可靠容量（IDC）测试，于 27 日 0 时全面投入商业运营。永新燃煤电厂一期项目是迄今中国企业在越

① 中国－东盟环境保护合作中心：《澜沧江－湄公河可持续基础设施建设与投融资——环境可持续公路基础研究报告》，2018 年 10 月，第 6 页，http：//www. wwfchina. org/content/press/publication/2018/% E6% BE% 9C% E6% B2% A7% E6% B1% 9F% E6% B9% 84% E5% 85% AC% E6% B2% B3% E4% B8% AD% E6% 96% 87% E6% 9C% 80% E6% 96% B0. pdf。

② 《澜湄国家产能与投资合作论坛：深化产能合作　促进共同发展》，中国－东盟博览会，2018 年 9 月 13 日，http：//www. caexpo. org/index. php？ m = content&c = index&a = show&catid = 420&id = 228448。

③ 《澜湄合作务实推进——澜湄国家产能与投资合作论坛圆满落幕》，广西壮族自治区发展和改革委员会，2018 年 9 月 19 日，http：//www. gxdrc. gov. cn/sites _ 34015/lywz/gzdt/201809/t20180919_ 770879. html。

南最大的投资项目，也是中企在越首个采用 BOT 投资模式的项目，预计总投资 17.55 亿美元，将有效缓解越南国内电力短缺的局面。[①] 2018 年 12 月 17 日，柬埔寨最大的水电工程——桑河二级水电站在上丁省正式竣工。该项目由中国华能集团承建，是柬埔寨能源建设的重点项目。桑河水电站的顺利竣工，使柬埔寨在能源安全、经济建设、民生发展等方面获得了切实好处，尤其为工业、农业、制造业、旅游服务业等领域的项目建设提供动力支持，有利于改善柬埔寨此前对电力资源进口严重依赖的情况。[②] 2018 年 12 月 28 日，中国驻缅甸大使洪亮访问位于缅甸曼德勒省的耶涯水电站，听取水电站运营情况介绍并同工作人员进行交流。耶涯水电站装机容量为 79 万千瓦，发电量占缅甸总发电量的 25%，有力缓解了仰光、内比都、曼德勒等大城市供电不足的问题。耶涯水电站是中缅水电合作的样板项目，为缅甸经济社会发展做出了贡献。[③]

3. 跨境经济合作的新进展

2018～2019 年，澜湄合作框架下的跨境经济合作区建设继续向前推进。澜湄六国继续深化跨境贸易合作，在《中国－东盟全面经济合作框架协议》《中国－东盟贸易便利化南宁倡议》《大湄公河次区域便利客货跨境运输协定》等基础上简化贸易和投资流程，对于构建次区域内更加开放公平的营商环境具有重要意义。[④]

2018 年 6 月 19 日，澜湄合作跨境经济合作联合工作组第二次会议在云南昆明举行，会议由工作组轮值主席柬埔寨发展理事会投资促进司负责人和中国商务部亚洲司负责人共同主持。除了回顾澜湄合作经贸合作进展情况以

---

① 《中资企业在越南投资的第一座 BOT 大型电厂全面投入运行》，中华人民共和国商务部，2018 年 11 月 29 日，http：//www.mofcom.gov.cn/article/i/jyjl/j/201811/20181102811888.shtml。

② 《柬埔寨桑河二级水电站举行竣工投产仪式》，新华网，2018 年 12 月 17 日，http：//www.xinhuanet.com/world/2018－12/17/c_1123865458.htm。

③ 《产能合作：澜湄合作“永动机”正高效运转》，缅华网，2019 年 3 月 6 日，https：//www.mhwmm.com/CH/NewsView.asp？ID＝36836。

④ Tian Xinqing，Trade and Investment Facilitation under the Lancang-Mekong Cooperation Framework，*China International Studies*，Vol. 2，July/August 2018，p. 77.

外，各成员国提出了落实《澜湄国家关于加强跨境经济合作部长级联合声明》的有关方案和步骤，就编制《澜湄国家跨境经济合作五年发展规划》的框架安排以及《澜湄区域合作智能贸易网络倡议》交换了意见并原则达成共识。此外，各方还就澜湄国家参加首届进口博览会，在电子商务、经济技术、园区建设与运营等领域加强合作进行了讨论，会后各国工作组组长签署了会议纪要。①

2019年，澜湄合作将继续建设跨境经济合作区试点，完善跨境经济合作的项目内容和工作机制。为了提升澜湄六国的贸易和投资便利化程度，减少非关税贸易壁垒对次区域经济建设的影响，澜沧江－湄公河合作通过博览会、招商会和国际贸易展销活动等途径，加强次区域经贸合作联系，并探讨建立湄公河国家中小企业服务联盟。

4. 水资源合作领域的进展

由于水资源分配问题备受湄公河五国的持续关注，澜湄合作机制正不断完善机制设置，力求兼顾各方在水资源问题上的利益关切。澜湄合作各成员国极为重视落实《澜湄水资源合作五年行动计划（2018～2022）》并提高水资源可持续利用效率。

2018年3月23日，澜湄水资源合作成果展暨澜湄水资源合作中心开放日活动在北京成功举办。与会代表一致表示，希望澜湄水资源合作中心继续发挥平台支撑作用，加快落实澜湄合作第二次领导人会议共识。② 2018年10月11日，中国驻泰国大使吕健和泰国自然资源和环境部次长维占在曼谷签署中泰澜湄合作专项基金水资源项目合作协议。根据协议，中方将资助泰方开展应对气候变化和水电开发项目合作机制研究。③

① 《澜湄合作跨境经济联合工作组第二次会议在昆明举行》，中华人民共和国商务部，2018年6月20日，http：//www.mofcom.gov.cn/article/ae/ai/201806/20180602757118.shtml。

② 《澜湄水资源合作中心举行澜湄周系列活动》，中华人民共和国外交部，2018年3月27日，https：//www.fmprc.gov.cn/web/wjb_673085/zzjg_673183/yzs_673193/xwlb_673195/t1545773.shtml。

③ 《中泰签署澜湄合作专项基金水资源项目合作协议》，新华网，2018年10月12日，http：//www.xinhuanet.com/world/2018-10/12/c_1123550019.htm。

2018 年 11 月，中国水利部和云南省政府共同主办的首届澜湄水资源合作论坛在云南昆明开幕。作为落实澜湄合作领导人第二次会议成果的重要活动，论坛以“水伙伴合作，促永续发展”为主题，旨在打造水资源政策对话、技术交流和经验分享平台。① 会议表示，澜湄六国将采取联合行动应对当下面临的挑战，主要通过政策对话和技术交流深化水资源合作，涉及的内容包括关注水资源需求的增加、重视洪涝灾害的治理、解决水体污染和气候变化问题。② 2018 年 11 月 23 日至 25 日，澜湄水资源合作中心与河海大学组织湄公河国家的 26 名留学生前往南京、天津、北京，参访中方水利工程管理部门、水利科研机构、水利水电企业和南水北调中线工程，实地了解并学习中国治水的先进技术与经验。③

2019 年 5 月 30 日，澜湄国家小水电技术培训班成功举办，来自柬埔寨、老挝、缅甸、泰国、越南五个湄公河国家的 31 位学员参加培训。本次培训涵盖了实用的小水电开发和农村电气化建设经验、适用技术和先进设备等各方面。在中国水利部的悉心指导和大力支持下，为期 25 天的培训项目取得了丰硕成果。④ 6 月 4 日至 5 日，澜湄水资源合作联合工作组 2019 年第一次特别会议在云南昆明召开。澜湄六国代表充分肯定了澜湄水资源合作取得的积极进展，制订了《澜湄水资源合作五年行动计划（2018 ~ 2022）》六个重点合作领域的联合牵头方案，讨论了 2019 年各方拟申请澜湄合作专项基金项目清单、澜湄水资源合作部长级圆桌会议初步方案，签署了《澜湄水资源合作联合工作组 2019 年第一次特别会议纪要》和《关于在澜湄水资源合作联合工作组下中方向其他五个成员国提供澜沧江汛期水文资料的谅解

① 《首届澜湄水资源合作论坛在昆明开幕》，新华网，2018 年 11 月 1 日，http：//www.xinhuanet.com/fortune/2018 - 11/01/c_ 1123649862.htm。

② “Lancang-Mekong Countries to Deepen Water Resources Cooperation”, Xinhua net, 3rd November 2018, http：//www.xinhuanet.com/english/2018 - 11/03/c_ 137577584.htm.

③ 《澜湄水资源合作中心　组织湄公河国家留学生感知中国水利》，澜沧江 - 湄公河合作，2019 年 1 月 7 日，http：//www.lmcchina.org/hzdt/t1627478.htm。

④ 《“澜湄”国家小水电技术培训班在我（所）中心成功举办》，亚太地区小水电研究培训中心，2019 年 5 月 31 日，http：//www.hrcshp.org/cn/onews.asp? id = 1745。

备忘录》。[①] 6 月 13 日，澜湄国家水电站及大坝建设与安全管理培训班在中国杭州成功举办。本次培训班旨在为澜沧江－湄公河合作机制成员国搭建一个技术交流平台，共享中国在水库大坝和水电站安全建设和管理领域的发展历程、成熟技术及适用方案，交流湄公河国家水电站及大坝安全建设与管理的现状与经验，探讨澜湄国家水电站及大坝安全管理合作。[②]

5. 农业和减贫合作领域的新进展

在中国参与澜湄合作的实践探索中，云南省一直是减贫领域的合作主体和前沿省份，近年来充分发挥区位优势并结合边境扶贫工作，与湄公河国家开展优势产业种植、良种培育、农技培育、农产品贸易等农业方面的扶贫合作。采用“走出去”与“请进来”的方式，向邻国传授实用农业技术和作物新品种的同时，邀请国外人员来华学习农业减贫知识。[③] 通过开展减贫示范合作技术援助项目，湄公河边境地区的贫困人口提高了种植收入，逐步削减了罂粟种植对边境安全带来的潜在危害。

2019 年 3 月 19 日，主题为“澜湄合作 · 花开贵州”的 2018 年度澜湄合作专项基金项目启动仪式在贵阳举行。“贵州山地特色农业技术助推澜湄区域减贫示范项目”以贵州大学为实施单位，与泰国皇太后大学、清迈大学有关专业技术人员进行合作，主要在澜湄流域开展贵州省山地特色农业技术的研究与应用。[④] 2019 年 6 月 12 日，澜湄农业农资现代实用技术与减贫经验交流培训班在浙江杭州开班。本次培训班受国际合作项目支持，由中华全国供销合作总社主办、中国东盟农资商会具体承办，浙江经贸职业技术学

① 《澜湄水资源合作联合工作组 2019 年第一次特别会议在昆明召开》，澜沧江－湄公河合作，2019 年 6 月 14 日，https：//mp. weixin. qq. com/s? _ _ biz = MzU0NDAxOTQ5Nw = = &mid = 2247486182&idx = 1&sn = feffd1b0fddd350acd1557774d3362e5&chksm = fb03cfa0cc7446b6e09a50295ebac766a9726abec81a678a8bdb5ce22d108b8438fa40f5b429&scene = 0&xtrack = 1。

② 《澜湄国家水电站及大坝建设与安全管理培训班顺利开班》，亚太地区小水电研究培训中心，2019 年 6 月 14 日，http：//www. hrcshp. org/cn/onews. asp? id = 1747。

③ 《我省发挥区位优势与湄公河国家开展产业种植　澜湄减贫合作稳步推进》，云南日报网，2018 年 3 月 22 日，http：//yndaily. yunnan. cn/html/2018 -03/22/content_ 1209731. htm? div = -1。

④ 《贵州与澜湄国家合作助推澜湄区域减贫发展》，中国日报网，2019 年 3 月 20 日，http：//cnews. chinadaily. com. cn/a/201903/20/WS5c917979a310e7f8b1571931. html。

院协办。来自湄公河流域5个国家的40多位外国学员与中方学员同窗学习，深入交流，密切互动，共同学习和探讨农业农资发展和减贫工作做法。[①] 6月12日至13日，澜湄合作农业联合工作组第二次会议在柬埔寨暹粒举行。会议总结了联合工作组第一次会议以来澜湄农业合作进展情况，重点讨论了完善澜湄农业合作机制等议题，审议了由澜湄农业合作中心起草的《澜湄农业合作三年行动计划（2020～2022）》初稿，为有序务实开展澜湄农业合作奠定基础。[②]

二　澜湄合作发展的新趋势

2018年12月17日，在澜沧江－湄公河合作第四次外长会议上，澜湄六国外长一致表示，要重点打造澜湄流域经济发展带，开展产能、创新、民生、环保等领域的项目合作，在教育、减贫、医疗卫生、大坝安全等领域实现新突破。澜湄合作将继续加强机制建设，实现产能澜湄、创新澜湄、民生澜湄、绿色澜湄和开放澜湄的目标。[③] 为了继续夯实基础，澜湄六国将持续打造“3＋5＋X合作框架”，实现更为高效深入的澜湄合作。

（一）制度安排日益规范成熟

澜湄合作已经确立了“3＋5＋X合作框架”，以政治安全、经济和可持续发展以及社会人文为三大重点合作领域，将互联互通、产能合作、跨境经济合作、水资源合作、农业和减贫合作视为五个优先合作方向。由此可见，澜湄合作机制在规划初期就具备了层次性、科学性和可行性，并非简单套用既有合作机制的框架设计，具有自主创新性。此外，澜湄合作机制

---

① 郑红艳：《聚焦澜湄合作　致力农业技术提升与减贫》，中国农资导报网，2019年6月14日，http：//www. nzdb. com. cn/hy/262554. jhtml。

② 《澜湄合作农业联合工作组第二次会议在柬埔寨暹粒成功举行》，柬埔寨头条，2019年6月20日，https：//tnaot. com/article/article_ detail/1732740。

③ 《王毅谈澜湄合作未来发展六大方向》，中华人民共和国中央人民政府，2018年12月17日，http：//www. gov. cn/guowuyuan/2018－12/17/content_ 5349688. htm。

倡导湄公河流域国家共同主导区域事务，尊重各国平等参与地区事务的权利，避免“一国独大”单方主导合作机制，致力于谋求流域内各国的共同利益。

澜湄合作机制注重发展优先。由于澜湄六国均为发展中国家，“发展优先”理念符合湄公河地区的发展现状，各国致力于构建澜湄命运共同体。澜湄合作以提高澜湄国家社会经济发展水平为目标，落实各成员国在发展过程中的实际收益，基本上实现了贸易公平和利益均沾。

澜湄合作机制强调以绿色、可持续的发展方式促进经济增长，重视低碳环保的高质量合作项目，坚持开发与保护并重的合作原则。此外，澜湄合作没有排他性，重视次区域合作的长期利益，尽可能与域内外其他合作机制建立合作关系，促进地区共同繁荣。

（二）投资与产能合作逐步扩大

借助澜湄合作机制所搭建的贸易平台，澜湄六国之间贸易往来频繁并持续呈现良好的发展势头。由于在澜湄合作机制成员国中占据明显的经济优势，中国的对外投资随着货物贸易的快速增长而持续扩大，为湄公河地区的经济增长提供了新动力。通过中国的牵头和指引，跨境经济合作也为澜湄六国进行海外投资提供了机遇，跨境经济合作区建设取得了突出进展。

澜湄合作机制已经在产能合作领域取得可喜成绩，澜湄六国广泛签署产能合作协议，极大地促进了电力电网、冶金建材、配套工业、汽车制造等行业的蓬勃发展，尤其改变了湄公河五国在产能领域发展滞后的旧有局面。由于湄公河五国的工业化水平不高，自身对建立工业现代化体系具有强烈需求，澜湄合作能够通过利用地区比较优势促成产能合作，提升澜湄次区域各国的基础设施建设水平，为地区整体发展提供更好的周边环境。

2018 年 8 月 22 日，为期 9 天的澜沧江－湄公河合作互联互通与产能合作研讨会在北京开幕，研讨会由中国国家发展和改革委员会与中国国家开发银行共同主办。[①] 这表明，澜湄六国将加强与周边国家的互联互通与产能合作，以便融入区域乃至全球价值链和供应链。作为澜湄合作的一大发展亮点，产能合作将以提升湄公河国家的整体经济水平为目标，不断推动澜湄合作走深走实。

（三）中小型合作项目顺利实施

随着澜湄合作机制影响力的逐步扩大，澜湄六国已经提出了多个合作项目。中小型合作项目的实施进展顺利，旨在促进地区经济可持续发展并缩小澜湄次区域发展差距，提高澜湄次区域各国人民的生活水平。自澜湄合作首次领导人会议上提出设立澜湄合作专项基金以来，中方承诺在五年内提供3亿美元的资金用于澜湄六国提出的中小型合作项目[②]，很大程度上增进了各成员国对澜湄合作的积极态度和参与热情。

2019年1月23日，中国驻缅甸大使洪亮和缅甸外交部常秘敏都在内比都签署澜湄合作专项基金2018年缅方项目协议，项目数量和资助金额都有大幅提升。根据双方签署的协议，中方将支持缅方开展包括农村发展与减贫、鱼类产品加工、跨境动物和动物制品交易检疫、橡胶种植和生产、可持续种子测试网络、桑蚕研发、农业图书馆体系、水质评估、ICT发展、农业农村数据统计、食品安全、被贩运人口收容等在内的19个项目。[③] 迄今为止，柬埔寨已经获批的澜湄合作专项基金项目最多。柬方已经收获35个合作项目，涵盖农业、旅游、电信、教育、文化交流等多个层面，切实改善了柬埔寨民众的生活水平，给贫困人口提供了较多的就业机会。2019年2月14日，澜湄合作专项基金柬埔寨新一批项目签约仪式在柬埔寨外交部举行，中国驻柬埔寨大使王文天和柬埔寨副首相、国务兼外交国际合作部大臣布拉

① 《澜湄合作互联互通与产能合作研讨会在京开幕》，国际在线，2018年8月23日，http：//news.cri.cn/20180823/b7d213a7-7a27-f1d2-d21d-7448a0d798cd.html。

② 《澜湄合作专项基金柬埔寨新项目签约》，新华网，2019年2月14日，http：//www.xinhuanet.com/world/2019-02/14/c_1124115330.htm。

③ 《中缅签署澜湄合作专项基金2018年项目协议》，澜沧江-湄公河合作，2019年1月24日，http：//www.lmcchina.org/sbhz/t1631980.htm。

索昆代表双方签字。据了解，此次签约的19个柬埔寨项目共获得766万美元资金，涵盖教育、旅游、扶贫、环保等多个领域。[①] 2019年2月15日，姜再冬大使和老挝外交部副部长通潘在万象签署澜湄合作专项基金2018年老方项目合作协议。在首批13个基金项目已经启动的基础上，老挝又有7个部委申报的21个项目获批，这是澜湄合作框架下中老合作的又一重要成果。通过澜湄专项基金支持，老挝在人力资源开发、产能合作、基础设施建设、卫生、农业和脱贫等领域获得了实实在在的利益。[②]

（四）水资源合作渐趋深入

水资源合作是澜湄合作的五大优先方向之一，关乎各成员国的核心利益。澜湄合作框架下的澜沧江－湄公河水资源合作中心（Lancang-Mekong Water Resources Cooperation Center，LMWRCC）已经成立，包括水资源管理在内的水利工程设施建设取得了显著成效，涉及水资源合作的有关发展项目得到了各国的积极响应。此外，湄公河全球研究中心（Global Center for Mekong Studies）也为澜湄合作机制加强跨境流域治理提供了智库支持。

澜湄合作机制启动以来，各成员国逐步加大了对水资源管理的重视程度和投入力度，尤其在水电生产、船舶航行、旱涝防治、生物保护、资源利用和数据共享等方面获得了可观效益，水资源合作成为推动次区域可持续发展的重要平台，有利于湄公河国家共同应对气候变化挑战。为了携手打造澜湄流域经济发展带，湄公河国家以澜沧江－湄公河黄金水道为依托，以产业发展重镇和重大基础设施为枢纽，辐射带动整个流域腹地发展，推动全流域经济提质增效升级。[③] 澜湄六国正在提高水资源合作的开放程度，澜湄合作支持澜沧江－湄公河水资源合作中心与包括新湄公河委员会（MRC）在内的其他合作机制

① 《澜湄合作专项基金柬埔寨新项目签约》，新华网，2019年2月18日，http：//www.xinhuanet.com/world/2019－02/14/c_1124115330.htm。

② 《中老签署澜湄合作专项基金2018年项目协议》，中华人民共和国驻老挝人民民主共和国大使馆，2019年2月15日，http：//la.china-embassy.org/chn/gdxw/t1638264.htm。

③ 《王毅谈澜湄合作未来发展六大方向》，中华人民共和国中央人民政府，2018年12月17日，http：//www.gov.cn/guowuyuan/2018－12/17/content_5349688.htm。

进行密切合作，邀请其他合作机制筹措方参与澜沧江－湄公河水资源合作论坛，以期实现湄公河流域的可持续发展，使合作成果造福各国人民。①

三　澜湄合作面临的新形势

随着次区域合作向纵深发展，澜湄合作现已在拟定的优先发展领域中取得了突出的成效。同时，澜湄合作机制的未来发展正面临着国际形势与区域内环境的新变化，机遇与挑战并存，需要各成员国积极应对，趋利避害，共度时艰。

（一）国际环境更趋复杂多变

当今世界正面临“百年未有之大变局”，2018 年及今后一段时间，随着国际格局大调整大变革加速展开，尤其是以美国为代表的单边主义、保护主义不断蔓延，大国之间的竞争博弈日趋激烈，现存国际体系受到严重冲击，世界经济增长下行风险增大，国际关系中的不确定性与不稳定性明显增大，这些变化都不可避免地对澜湄合作产生不可忽视的影响。首先，作为 2018 年最重要的国际事件之一，中美贸易摩擦除了给中美双方带来直接的影响外，也必然给世界上其他国家和地区带来震荡，与中国有着密切经贸往来的湄公河地区更是处于中美贸易摩擦的“风口地带”。从目前情况来看，一是贸易摩擦加速了中国贸易投资向东南亚的转移，中国对湄公河国家的贸易投资均有较大幅度的增长，2018 年东盟已取代美国成为中国第二大贸易伙伴，可以说贸易摩擦进一步加深了中国与湄公河国家经济的相互依赖。二是贸易摩擦对中国与湄公河国家现有的产业链形成冲击。为避开美国的关税打击，原本在中国生产或组装涉美商品的一些跨国公司将被迫把生产线迁往东南亚，在中国和越南、柬埔寨、缅甸等湄公河国家之间正在发生纺织品、电子

① “Mekong Lancang Cooperation: China Welcomes MRC’s Call for a Closer Tie,” Mekong River Commission network, November 7, 2018, http://www.mrcmekong.org/news-and-events/news/mekong-lancang-cooperation-china-welcomes-mrcs-call-for-a-closer-tie/.

产品以及汽车零配件等产业转移现象，如“中国生产+越南制造”已经成为越来越多国外企业的供货模式。三是贸易的转移效应短期内会刺激一些湄公河国家外向型经济的增长，如目前越南的贸易总额已达到其国内生产总值（GDP）的2倍，超过了除新加坡以外的其他亚洲国家。但从长远来看这也是难以持续的，美国总统特朗普在2019年6月26日参加G20大阪峰会前夕就曾对越南发难，指责越南“比中国还能占美国的便宜”。[①] 如果越南对美贸易出口继续大幅增长，美国极有可能对越南举起关税大棒。此外，美国推行贸易保护主义导致的全球经济放缓也将对经济外向度较高的一些湄公河国家产生一定的冲击。

（二）湄公河地区的机制竞争、大国博弈将更加激烈

目前，域外国家面向湄公河流域的各种合作机制日趋活跃，除了帮助湄公河五国增强经济实力并提高次区域一体化水平外，各国对湄公河流域地区事务的关注和介入也有提高其区域影响力和抗衡中国的考量。各类合作机制项目建设和功能设置较为类似，影响了机制之间的良性竞争与合作。

美国、日本、韩国和印度均在湄公河地区开展了具体项目合作，欧盟和澳大利亚等也不同程度地参与了次区域事务。具体来看，美日韩三国对湄公河地区合作的参与程度较高。美国倡导的“湄公河下游倡议”（LMI）、主要由日本发起的大湄公河次区域经济合作机制（GMS），以及韩国牵头的韩国－湄公河国家外长会议都体现了各方对湄公河流域地缘战略价值的重视。其中尤其是日本在湄公河流域具备成熟的合作经验，其主导的大湄公河次区域经济合作机制同样由包括中国在内的澜湄六国组成，能够为域内国家提供经济援助并参与基础设施投资，至今仍在区域合作中发挥着较为重要的作用。印度发起的湄公河－恒河合作倡议（MGC），旨在加强与老挝、缅甸、泰国和柬埔寨的地缘联系，并探索提升印度与东盟国家之间连通性的合作新路径。

① 刘刚、胡博峰：《峰会前夕，特朗普接连警告越南印度“占美国便宜”》，环球网，2019年6月28日，http：//world. huanqiu. com/exclusive/2019－06/15060251. html？agt＝15417。

2018 年 8 月，美国倡导的第 11 次“湄公河下游倡议”（LMI）部长级会议召开，会议通过了联合宣言和“LMI 行动计划（2016～2020 年）”。美国和湄公河五国外长强调，“湄公河下游倡议”合作已成为湄公河次区域互联互通、经济一体化、可持续发展和有效管理的重要动力。展望未来，美湄合作有可能成为美国牵制中国周边外交的棋子，将进一步考验中国与湄公河国家的关系。10 月，湄公河五国领导人与日本领导人在东京举行了第 10 届峰会，同意推动基础设施建设合作，促进“自由、开放的印太地区”发展。印度的“向东行动”政策与湄公河各国“向外”发展战略正在对接，包括：扩大东西经济走廊、通往印度的南方经济走廊建设，进一步消除贸易壁垒，促进贸易与投资便利化。2018 年 8 月，第九届湄公河－恒河地区（MGC）外交部长会议召开，泰国、柬埔寨、老挝、缅甸、越南与印度等湄公河－恒河地区六国一致同意加强合作，促进在农业、旅游、文化和交通等领域的合作。同月，第八届韩国－湄公外长会议召开。韩国外长表示，韩国正在实施“新向南政策”，并决心加强与湄公河五国的合作，对东盟、韩国－湄公合作基金项目提供官方发展援助。总之，在中美关系紧张的背景下，美国联手日韩等国，在湄公河地区动作频频，澜湄合作可能面临新的冲击。

此外，澜沧江－湄公河流域还有多个域内国家共同参与的小多边合作机制。自 20 世纪 90 年代以来，中老缅泰“黄金四角经济合作”、柬老越发展三角区合作、新湄公河委员会（MRC）、柬老缅越合作（CLMV）、东盟－湄公河流域开发合作（AMBDC）和伊洛瓦底江－湄南河－湄公河经济合作战略组织（ACMECS）等机制虽有助于湄公河五国的相互合作，但相关项目合作繁复重叠，某一合作机制也无法对次区域合作实现垄断。澜湄合作机制虽然是新型的区域合作机制，但制度之间的相互制衡影响了澜湄合作的优势发挥。在“机制拥堵”的情况下，如何保持并提升澜湄合作机制的发展活力也是亟待解决的关键性问题。

（三）澜湄机制成员国内部的协调有待加强

首先，澜湄六国之间的发展水平和开放程度参差不齐，国家实力的差异和合作着眼点的不同使项目合作存在不同程度的利益冲突。其次，湄公河地区国家大多处于政治经济转型阶段，政党轮替与换届选举直接导致了其国内政策法规的变动，这使得澜湄合作发展项目的落实受到影响。最后，随着资源民族主义、环境民族主义的兴起，湄公河流域的资源开发与环境治理成为各国关注的焦点，往往影响到相关合作项目的开展和落实。

1. 成员国因实力差距导致互信不足

澜湄合作是“一大对五小”的非对称性合作机制，成员国之间综合国力和发展差距较为明显，总体上湄公河五国的经济发展较中国相对滞后。一些湄公河流域国家国内存在政治分歧和社会动荡，无法集中力量发展社会经济，尤其对大型发展项目的社会承载力较弱。虽然机制框架强调各方共同制订行动计划并设置项目安排，但在各国参与澜湄合作的过程中，中国作为次区域合作的主要发起方和资金筹措方，无疑在相关发展项目的实施中发挥了决定性的作用。中方不仅希望借助澜湄合作的有利平台分享发展经验，而且也存在贯彻外交理念并实现与周边国家睦邻友好的期许。但对于地处湄公河流域下游的其他成员国而言，首先满足农业生产需要并达成水资源合作的意愿更为强烈，也更能吸引各方积极参与澜湄合作。要推动澜湄合作的提质升级，需要各成员国协调好彼此之间的利益关系，切实为相关各国获取更多的发展机会和外部资源。

2. 湄公河国家政治经济转型带来的变数

湄公河五国的政治经济体制存在差异，其中缅甸、泰国、柬埔寨等国正处于政治转型或完成了换届选举，涉及经济发展和地区合作的相关政策也出现了调整变化。澜湄合作机制中的优先合作领域与国家的经济发展规划密切关联，领导人的意愿偏好会对合作项目的落地实施产生较大影响。考虑到湄公河五国对外资引入的需求较大，有关国家的政府部门也乐见域外国家加大投资力度。另外，湄公河国家在地缘政治中惯用大国平衡战略，倾向于引入域外力量实现地区均势。湄公河五国虽然积极参与澜湄合作寻求发展机遇，但对域外国家倡导的其他合作机制也不会厚此薄彼。

3. 资源民族主义与环境政治问题的制约

近年来，极端资源民族主义和环境政治问题在湄公河国家兴起，湄公河五国对环境保护和资源开采的态度非常谨慎，相关合作难以达成长远规划，成为阻碍国家间合作的因素。因澜湄合作机制成员国之间存在资源禀赋差异并持有不同的发展理念，协调一致地推进合作计划较为困难。东南亚国家对资源和环境的关切致使其很难转变保守的发展模式，担忧能耗与污染的心态反而促使了极端资源民族主义与极端环境民族主义浪潮的高涨。例如，湄公河五国的非政府组织对产能合作项目非常关注，追求经济发展和实现可持续发展之间的冲突将给次区域合作带来潜在风险，澜湄合作应注重将二者结合起来并关注可持续发展议题。此外，合作机制中的发展项目大多由中国牵头进行，湄公河五国参与发展规划的主动性有待提升。

四　新形势下深化澜湄合作的路径与对策

2018～2019 年是澜湄机制建设的奠基阶段，将对澜湄合作的巩固与深入发展产生深远影响。澜湄合作要继续保持机制活力和提升合作层次，就要发扬“澜湄精神”，释放“澜湄活力”，保持“澜湄速度”，扩大“澜湄效应”。这就要求澜湄合作要在巩固“3+5 合作框架”的基础上，进一步拓展数字经济、环保、卫生、海关、青年等领域的合作，加快形成“3+5+X 合作框架”。同时，面对复杂多变的国际环境，各成员国需要进一步加强内部协调与合作，化不利为有利，积极扩大区域内贸易规模，深化澜湄国家间产能与投资合作，形成更为完善的次区域产业链和价值链，促进经济一体化进程，把以美国为代表的贸易保护主义、孤立主义带来的冲击减到最小。

（一）关注成员国实际需求挖掘更多共同利益

次区域合作需要各国的共同努力，次区域机制建设需要各成员国的主动参与。澜湄六国之间发展差异较大，中国往往是公共产品的提供者、具体项目的发起者和区域合作的倡议者，很大程度上主导了澜湄合作机制的各项安排。在澜湄合作机制框架下，中国在中南半岛地区积极推动基础设施建设和产能合作，有利于维护周边外交并提升区域影响力。但是，湄公河五国更倾向于自主参与地区事务，希望以更平等的地位参与澜湄合作机制的政策制定。加之东南亚国家具有平衡大国的外交传统，不愿意让某一方获得完全的区域领导地位，更希望通过制度建设来维护国家利益并保障发展权益。

考虑到水资源合作是湄公河五国的重要利益关切，中国作为湄公河上游国家应充分尊重其他国家参与地区事务的意愿，在澜湄合作机制推进的过程中尤其关注水资源领域的合作进展，重视包括防洪抗汛整治、水域流量管理、水利设施建设、气候环境监测、农业灌溉系统等在内的项目合作，坚持以可持续发展理念推动澜湄合作，减少因利益分配不平等而产生的矛盾和指责。要切实推动中小型项目落地，关注项目建设的速度与效率，完善合作机制的对话平台与信息公示平台。与此同时，澜湄合作要坚持可持续发展理念，着力推动各个合作机制之间的优态共存，规避次区域内潜在的冲突、竞争。

（二）以打造澜湄流域经济发展带为重点，加强机制建设

打造澜湄流域经济发展带，是2018年1月举行的澜沧江－湄公河第二次领导人会议达成的共识。澜湄合作是因水而生、因水而兴的次区域合作，湄公河流域也是沿岸国家最富饶、最具发展潜力的地区，在澜湄合作框架下以澜沧江－湄公河水道为依托，沿线布置一批以产业合作园区和基础设施为核心的产能发展重镇，能够辐射带动流域工业化、信息化和经济整体发展。在此基础上，澜湄六国可以深入开展产能、创新、民生、环保等领域合作，促进产业转型升级，探讨建立产能合作联盟、设立合作基金，并加快次区域跨境电商发展。

另外，为使澜湄合作机制保有持续性活力，澜湄合作需要审慎对待机制赋权问题。国际制度的功能之一在于将大国的权力政治与国际行为限制在特定的规则框架内，从而为制度内小国维护自身利益提供保障。[①] 对于湄公河五国而言，对澜湄合作机制的参与同样源于其主动应对中国发展壮大并探寻

① 李巍、罗仪馥：《中国周边外交中的澜湄合作机制分析》，《现代国际关系》2019年第5期。

发展机遇的利益考虑。各成员国需要继续规范合作框架的制度安排，坚持各成员国共同参与议程设置，促使澜湄合作向更为规范、可预期的方向发展完善。同时，澜湄合作应重视发展规划与合作政策的有效制定，坚持共商、共建、共享的原则，确立机制内的决议与法规并争取使文件早日生效。

（三）加快推进战略对接，构建澜湄命运共同体

澜湄合作秉承“同饮一江水，命运紧相连”的精神，致力于打造更高水平的区域伙伴关系。由于地缘相近且人民相亲，澜湄六国一致同意推进澜湄合作与“一带一路”倡议、《东盟互联互通总体规划 2025》（MPAC 2025）、各国发展战略以及联合国《2030 年可持续发展议程》的对接，打造澜湄流域经济发展带，建设澜湄国家命运共同体。

对中国而言，澜湄合作不仅实现了与中缅经济走廊、中老经济走廊、中越“两廊一圈”发展规划等重大合作的战略对接，也推动了其与“一带一路”倡议之间的发展对接。湄公河地区处于中国周边外交的前沿地带，通过对澜湄合作各项事务的广泛参与，中国能够推广亲、诚、惠、容的外交理念，以及与邻为善、以邻为伴的周边外交方针，坚持以“澜湄命运共同体”为发展目标，实现次区域的共同繁荣。

对湄公河五国而言，澜湄合作正在逐步推动中国－东盟合作的全面对接，目前，澜湄合作与东盟一体化倡议联系紧密，澜湄合作已经从政治、经济和社会人文三大领域全面对接东盟共同体建设，助力东盟缩小发展差距，培育新的增长动力。以中国－东盟合作为依托，澜湄合作在区域一体化进程中起到了突出作用，有利于增进国家间互信并分享合作红利。澜湄合作将以合作共赢为核心，始终将湄公河国家的发展问题放在优先位置，致力于把经济互补性转化为发展互助力，打造发展中国家携手合作、共谋发展的样板。① 澜湄合作机制还努力推动《区域全面经济伙伴关系协定》（RCEP）的

① 《建设澜湄国家命运共同体　开创区域合作美好未来——纪念澜沧江－湄公河合作启动两周年暨首个澜湄周》，人民网，2018 年 3 月 23 日，http://politics.people.com.cn/n1/2018/0323/c1001－29883859.html。

生效，试图实现更高层级的贸易和投资便利化。

对次区域整体而言，澜湄合作有助于落实联合国《2030 年可持续发展议程》。根据联合国可持续发展行动网络（Sustainable Development Solutions Network，SDSN）连续 3 年发布的《可持续发展议程指数和指示板报告》（SDGs Index and Dashboards Report），澜湄国家排名呈现整体性、持续性上升：中国 2016 年排名全球第 76 位，2018 年提升至第 54 位；越南 2016 年排名全球第 88 位，2018 年则跃升至第 56 位；泰国 2016 年全球排名第 61 位，2018 年排名第 59 位；柬埔寨排名从 2016 年的全球第 119 位上升到 2018 年的第 109 位；缅甸 2016 年排名全球第 117 位，2018 年排名第 113 位。① 实际上，澜湄合作已成为次区域各国落实 2030 年可持续发展议程的重要依托，为促进政策统筹、社会协调和民生建设提供了机制保障和项目支持，能够形成全方位合作的新局面。

（四）改善投资营商环境，深化产能与投资合作

湄公河流域具有广阔的发展前景，深化产能与投资合作是深化澜湄合作的必由之路。通过建设产能合作园区、建立产业合作联盟、设立产能合作基金等多种方式，澜湄合作能够形成更为完善的次区域产业链和价值链。目前，澜湄六国正在推进制订产能合作三年行动计划，澜湄国家多边产能合作正逐步从共同的意愿变成具体行动和现实成果。在当前形势下，进一步深化澜湄国家间产能与投资合作，对于更好地适应复杂多变的世界经济形势、提高澜湄国家经济增长的稳定性、促进区域经济发展、推动世界经济复苏，具有重要的现实意义和积极作用。②

产能合作方面，澜湄六国应坚持平等互利的合作原则，将各国发展愿景

① 于宏源、汪万发：《澜湄区域落实 2030 年可持续发展议程：进展、挑战与实施路径》，《国际问题研究》2019 年第 1 期。

② 《务实高效的澜湄合作正在不断走深走实——澜湄国家产能与投资合作论坛在南宁举行》，国际合作网，2018 年 9 月 17 日，http：//www. icc-ndrc. org. cn/iccndrc/news_ detail. jsp？id = 601142。

与次区域发展规划结合起来，突出务实合作并改善投资营商环境，坚持发展高质量的合作项目。依据《澜湄国家产能合作联合声明》的既定方案，澜湄六国要继续借助直接投资、技术合作、工程承包、装备进出口等途径深化产能领域合作，充分利用地区比较优势助力打造澜湄合作发展经济带。在这一进程中，澜湄六国需要对项目合作的进展成效进行阶段性评估，关注生产成本与收益之间的联系，定期完成工程验收和绩效评价，向有关部门汇报年度进展并公开预算执行情况。

（五）提倡绿色减贫理念，实现可持续发展

在减贫合作领域，澜湄合作必须要将绿色开发与可持续增长紧密结合起来，以保护生态环境和实现经济效益为共同目标，共同实施“绿色澜湄计划”，实现湄公河流域经济、社会、生态环境的稳定与和谐。在总体思路上，要坚持绿色发展与减贫合作相结合；在制度建设上，澜湄合作要落实绿色减贫的各项规划并完善制度体系；在具体实践上，澜湄合作要提高各成员国的主观能动性，重点关注偏远地区的贫困问题现状，在减贫领域实现新突破。

中国作为澜湄六国中减贫成效最为显著的国家，应积极分享自身在经济发展过程中积累的减贫经验，帮助湄公河五国改善现有的贫困落后状态，尤其需要关注环境友好型产业的推广，坚持对湄公河地区进行生态补偿型扶贫与生态修复型扶贫。在澜湄合作机制框架下，中国应根据不同国家的自然生态环境，因地制宜地开展扶贫帮扶项目，增加湄公河五国贫困人口的就业收入。同时，澜湄六国要对生态环境进行评估和管理，以较好的空间规划推进澜湄合作机制的有效运转。

（六）助力澜湄青年互动，发挥国际交流优势

青年一代是澜湄合作的未来。推动澜湄六国青年之间的互动交流，能够为次区域跨越式发展提供新机遇，为创业创新和人文交流注入新动力。为弘扬澜湄青年的创新精神，澜湄合作要坚持开展“澜湄青年环保

联盟”项目，继续举办湄公河流域治理与发展青年创新设计大赛，将“澜湄之约”打造成具有区域影响力的创新平台。在澜湄合作机制中，各成员国要鼓励青年代表们切实关注本国发展需求，重视培养青年群体参与澜湄合作的主观能动性。与此同时，澜湄六国要鼓励青年一代推动民心相通，减少合作项目落地过程中民众存在的猜忌心理，并构思可行的政策方案推动澜湄合作的发展完善，提高澜湄合作对各国公众的开放度与透明度。

（七）化挑战为机遇，共同应对单边主义、保护主义

在美国四处挥舞贸易保护主义关税大棒的当下，澜湄六国应加强协调与合作，“抱团取暖”，尽量减少中美贸易摩擦“外溢”带来的负面效应。同时要化挑战为机遇，以澜湄合作机制为依托，进一步扩大区域内贸易投资规模，深化澜湄国家间产能合作和区域经济一体化，加快澜湄命运共同体建设，使之成为“西方不亮东方亮”的破局点。为此，中国应通过深入对接湄公河乃至东盟国家的发展战略，扩大对东南亚的市场开放，加快推进区域全面经济伙伴关系成员国早日达成协议，加强与第三方市场合作等方式，实现澜湄合作的提质升级，构建中国与湄公河国家的高水平战略伙伴关系。为此，今后一段时期中方应重点做好以下几方面的工作。

一是扩大对湄公河国家的市场开放，构建“高阶”的澜湄次区域合作。充分利用中国与湄公河国家贸易互补性强的优势，推动区域内贸易投资的自由化与便利化，将中国的部分优势产业转移到东南亚，打造优势互补的产业链，实现“同一产业、双方受益”。二是深入对接中国－东盟发展战略，促进地区合作机制的协调与融合。在“一带一路”框架下，推动澜湄合作与《东盟互联互通总体规划2025》对接，实现次区域内外生产要素的优化配置。三是加强与第三方市场的合作，发掘区域合作新增长点。基于湄公河国家的意愿，可通过扩大开展第三方市场合作的东盟国家数量、扩大合作的域外国家的数量、扩大第三方市场合作的领域、打造旗舰项目和早期收获项目

等方式，在湄公河国家中有序地推进第三方市场合作。[1] 四是以推动区域合作向经济一体化进程升级为目标，深化澜湄国家间经贸和产能合作，在货物运输、人员往来、投资安排、金融流通等方面探索更具雄心的便利化、自由化措施，构建更完善的次区域产业链和价值链，通过更紧密的相互融合，拓展六国经济增长空间。

---

① 卢光盛、聂姣：《中美贸易摩擦背景下的中国 - 东盟关系：影响、风险与应对》，《南洋问题研究》2019 年第 1 期。

专 题 篇

Special Topics

B.2
中日在湄公河地区第三方市场合作：进展、挑战与路径*

金 珍**

摘 要： 2018年以来，中日双方在湄公河地区开展的第三方市场合作取得了一定成效，不仅确立了优先的合作区域和合作领域，相关合作机制和重点项目也在积极推进。同时，中日第三方市场合作也面临着诸多风险和挑战。日本对“一带一路”建设有限度的参与，湄公河地区有待改善的投资环境，以及美国对日本及湄公河国家的利益诱导与施压等因素，制约了中日在湄公河地区第三方市场合作的深入开展。中日两国需要抓住“一带一路”建设的历史性机遇，增强政治互信，拓展

* 本报告为2017年国家社科基金重大项目“‘一带一路’与澜湄国家命运共同体构建研究”（项目编号：17ZDA042）的阶段性成果。

** 金珍，法学博士，云南师范大学马克思主义学院副教授。

在湄公河地区的第三方合作，为地区经济增长带来可持续的动力。

关键词： 中国 日本 湄公河 第三方市场

近年来，在中日双边关系逐步改善的大背景下，日本对“一带一路”建设的态度逐步转向积极，中日两国达成在共建“一带一路”国家和地区开展第三方市场合作的重要共识。第三方市场合作是开放包容、务实有效的国际合作模式，秉持了“一带一路”建设“共商、共建、共享”的理念，有利于实现中国的优势产能、发达国家的先进技术与广大发展中国家的需求的有效对接，达到“1 +1 +1 >3”的共赢效果。在湄公河地区，中日开展第三方市场合作有着坚实的基础条件和广阔的发展前景。2018 年以来，中日双方在湄公河地区开展的第三方市场合作已经取得了一定成效，不仅确立了优先合作区域和合作领域，稳步推进了重点项目，相关合作机制也在不断完善。同时，由于受到中日双边关系症结难解，日本对华疑虑未消，湄公河地区投资环境较差以及美国对日本及湄公河国家的利益诱导与施压等多重因素的影响，中日在湄公河地区的第三方市场合作也面临着诸多风险和挑战。中日两国需要抓住“一带一路”建设的历史性机遇，增强政治互信，促使中日关系良性发展，合力应对困难和风险，将第三方市场合作打造成新时期地区合作的新亮点和增长点，为地区经济增长带来可持续的动力。

一 中日第三方市场合作的提出

随着“一带一路”建设的稳步推进，第三方市场合作得到国际社会的积极响应，受到越来越多的国家和地区的欢迎，成为推进“一带一路”建设的重要模式。不过就中国与发达国家开展第三方市场合作的进程而言，日本只是其中的“后来者”。[①] 2015 年 6 月 30 日，中法两国政府发表《关于第三方市场合作的联合声明》，首次提出“第三方市场合作”的概念，并明确中法开展第三方市场合作的基本原则和重点领域。[②] 此后，中国分别与韩国、德国、英国、加拿大等国家或是发表联合声明，或是签署谅解备忘录，对开展第三方市场合作形成共识。通过开展机制化合作，中国与相关国家在基础设施、能源、环保等领域已经取得了丰硕的合作成果。但由于受中日关系不确定性的影响，以及日本对“一带一路”建设的态度比较谨慎，中日第三方市场合作迟迟没有起步。日本在持续关注“一带一路”建设动向的同时，还采取了一系列竞争性的举措，力推“高质量基础设施出口战略”。中日两国企业围绕高铁建设等基础设施领域，在东南亚、非洲等地区一度出现恶性竞争，不仅双方利益受损，项目所在国最终也不得不承担巨大的机会成本，错失发展良机。

2017 年中日关系出现回暖迹象后，这一情况得以改善。日本政府在内外压力之下，对华尤其是对“一带一路”建设的认知发生明显变化，逐步由最初的否定与质疑到后来的寻求合作，这为双方合作开拓第三方市场提供了契机。从国际环境来看，美国总统特朗普上台后奉行“美国优先”政策，大力推行贸易保护政策，还多次就美日贸易收支不平衡等问题向日本施压，这对日本而言无疑是沉重压力。与此同时，“一带一路”建设进展迅速，所取得的阶段性成果带来积极示范效应，以及其所蕴含的潜在商机，进一步促使日本各界特别是经济界意识到参与其中将获得巨大的发展红利。从国内环境来看，安倍政府力推修宪，但政治丑闻缠身，其提升支持率的措施收效甚微。加之日本经济团体联合会等利益集团通过多种渠道频频向政府施压，加速了日本对“一带一路”建设态度的转变。

在国际国内局势发生重大转变的背景下，日本政府开始积极着手改善对华关系。2017 年 5 月“一带一路”国际合作高峰论坛在北京召开，日本首

① 王竞超：《中日第三方市场合作：日本的考量与阻力》，《国际问题研究》2019 年第 3 期。

② 《中法政府关于第三方市场合作的联合声明》，人民网，2015 年 7 月 2 日，http://world.people.com.cn/n/2015/0702/c1002-27244657.html。

相安倍晋三派自民党干事长二阶俊博率团参会，以表明改善对华关系的意愿。6月5日，安倍晋三在东京举行的公开活动中发表演讲，称“一带一路”倡议具有把多样性地区联系起来的潜力，表示愿意在条件成熟时进行合作。但同时也对推进基础设施建设合作提出了“透明且公平的采购、确保项目具有经济效益”等要求。11月，中日首脑在越南岘港亚太经合组织会议期间会面，安倍晋三表示希望加强双边高层交往，积极探讨在互联互通和“一带一路”框架内开展合作。① 12月，安倍晋三出席在东京举办的“中日CEO峰会”并发表演讲，称“一带一路”倡议大有可为，中日应在亚洲基建开发方面进行协作。②

2018年5月，中国总理李克强出席第七次中日韩领导人会议并对日本进行正式访问，中日双方就开展第三方市场合作达成重要共识。5月9日，中国国家发展改革委、商务部与日本外务省、经济产业省共同签署《关于中日第三方市场合作的备忘录》，同意加强两国在第三方市场合作。③ 9月25日，“中日第三方市场合作工作机制”第一次会议在北京顺利举行，双方主要探讨了第三方市场合作的主要方向、政策，以及具体的合作项目，成为两国开展第三方市场合作的良好开端。④ 10月，日本首相安倍晋三访华，进一步落实双方此前达成的合作共识。10月26日，首届“中日第三方市场合作论坛”在北京成功举办，来自中日两国政府部门、经济团体、金融机构和知名企业的近1500名代表参会。中日双方共签署52项合作协议，包括基础设施、金融、物流、信息技术等多个领域，协议金额超过180亿美元。⑤

① 《习近平APEC时间：十九大后中国首场多边外交精彩纷呈》，人民网，2017年11月13日，http：//politics. people. com. cn/n1/2017/1113/c1001 -29642227. html。

② 《日媒：安倍就中国“一带一路”倡议称“可大力合作”》，中国一带一路网，2017年12月5日，https：//www. yidaiyilu. gov. cn/xwzx/hwxw/38512. htm。

③ 《李克强提“中日韩+X”，东亚合作惠及更多方》，中华人民共和国中央人民政府，2018年5月11日，http：//www. gov. cn/xinwen/2018 -05/11/content_ 5289966. htm。

④ 《中日第三方市场合作工作机制第一次会议在北京举行》，中华人民共和国商务部，2018年9月25日，http：//bgt. mofcom. gov. cn/article/c/d/201809/20180902790256. shtml。

⑤ 《第一届中日第三方市场合作论坛签约项目》，中华人民共和国商务部，2018年10月27日，http：//images. mofcom. gov. cn/www/201810/20181027115719917. pdf。

当天双方还签署了《关于建立中日创新合作机制的备忘录》，中日将加强包括产业在内的创新，以及知识产权等领域的具体合作。另外，中日两国政府部门、企业与东道国计划在具体的合作行业及区域，联合构建相应级别的专门性合作机制，为双方具体合作项目在东道国的顺利落地以及后期管理服务。不断完善的制度政策保障和有效的合作平台，为中国与日本推动第三方市场合作创造了良好条件。

二　中日在湄公河地区第三方市场合作的进展

中日第三方市场合作虽然起步较晚，但是近年来取得了较快发展。特别是在湄公河地区，中日开展第三方合作有着良好的合作基础，也契合三方自身发展的需要。一方面，中国与日本同为湄公河国家的重要经贸合作伙伴，双方都将湄公河地区作为重点经营的区域。另一方面，湄公河国家正在加快工业化和城镇化建设，在基础设施、交通物流、制造业等领域有着良好发展潜力和巨大投资需求，这为中日两国提供了广阔的合作空间。中日在湄公河地区的第三方市场合作创造了极具潜力的增长新领域，为维护地区繁荣与稳定带来了新动力。

（一）中日在湄公河地区的第三方市场合作已确立优先合作区域

在湄公河五国中，泰国有着突出优势，成为中日开拓第三方市场合作的优先区域。泰国与中、日两国并无根本性利益分歧，长期与中国、日本都保持了友好合作的关系。另外，泰国自身基础设施、产业集聚能力等方面相对成熟，配套设施也较为完善，是中、日在湄公河地区最重要的经贸合作伙伴之一。而中国、日本与泰国的经贸合作也各具优势。中国是泰国最大贸易伙伴、出口市场和最大旅游客源国。泰国是中国在湄公河国家中的主要贸易伙伴、农产品进口的主要来源地和橡胶进口的最主要来源地，也是中国企业在东南亚的重要投资目的地。虽然目前中国在泰国投资存量较少，但近年来呈平稳增长的态势。中国在泰国的投资主要涉及金属与机械设备、农业、化工、矿产、服务业、电器与电子、纺织业等领域。日本与泰国也长期保持相当密切的合作关系。日本自二战以来在泰国长期经营，对泰国投资起步早，经验丰富，是泰国最大的投资来源国。日本在经济、文化、社会、教育等领域对泰国有着深远的影响力，在对泰国投资的过程中，日本形成了规模经济优势，日本商品品牌优势明显。在投资领域方面，日本主要涉及汽车制造、电器与电子、化工、服务业等行业。总体上，中日合作开拓泰国市场有着良好的基础条件和发展前景。

表1　2017年中日对湄公河地区国家直接投资流量

单位：亿美元

	泰国	缅甸	柬埔寨	越南	老挝
中国	10.6	5.3	7.4	7.6	12.2
日本	47.2	3.8	0.04	20.0	0.5

资料来源：《2018年度中国对外直接投资统计公报》；日本贸易振兴机构《世界贸易投资报告2018年版》。

表2　2017年中日在湄公河各国的进出口贸易中所占比重

单位：%

	中国		日本	
	进口	出口	进口	出口
泰　国	19.9	12.4	14.4	9.4
柬埔寨	—	—	—	—
缅　甸	31.8	38.9	5.5	6.5
老　挝	21.4	27.0	1.8	3.3
越　南	27.6	16.6	7.9	7.9

资料来源：日本贸易振兴机构《世界贸易投资报告2018年版》。

（二）中日在湄公河地区第三方市场合作以基础设施建设等为重点领域

为推动经济社会的发展，湄公河国家都高度重视基础设施建设。如泰国颁布了国家发展规划（2017～2021），提出“泰国4.0”战略方针，将建设东部沿海经济特区的机场、港口和铁路等基础设施，推动产业结构调整，计划将东部经济走廊（Eastern Economic Corridor，EEC）打造成旗舰项目。同时，泰国政府希望在此发展临空、新型汽车、智能电子、高级农业及生物科技、食品加工、旅游、机器人、医疗保健、生物材料及信息技术十大产业。根据泰国政府的规划，在项目实施的最初5年内，仅基础设施就至少需要约430亿美元投入。大型基础设施建设项目往往建设周期长，所需投资额巨大，有着较大的金融、社会和安全等风险，湄公河国家推进基础设施建设迫切需要加强与各方的合作。

事实上，基础设施建设、产业合作都是中国倡导推进的“一带一路”建设的优先领域，同时日本也正在推进“高质量基础设施出口战略”，中国、日本与湄公河国家的发展战略高度契合。在基础设施、产业发展等方面，中国和日本可以实现优势互补，相关领域成为拓展三方合作的重要切入点。在基础设施建设方面，中国具有资金实力雄厚、性价比高、建设速度快、企业决策力强等突出优势。日本基础设施出口具有“高质量”和“全周期管理”的特点，其技术、工程施工、前后期流程相对完善，但也存在建设周期长、劳动力短缺等不足。中日两国的第三方合作不仅有利于分散风险，而且有利于拓展金融合作，为湄公河地区基础设施建设提供资金支持。在新兴产业发展方面，中国是世界上制造业门类最为齐全的国家，近年来在新能源企业、光伏发电、信息技术、电子商务、生物科技、热带农业等领域取得突飞猛进的发展。日本的制造业处于全球领先地位，在机器人、医疗健康、汽车制造、半导体等产业占据产业链的高端，同时在农业产业化、食品加工等方面拥有一流的技术。中国与日本的一些相关企业正在积极探索合作项目的可行性，共同拓展湄公河地区的市场。

（三）中日在湄公河地区第三方市场合作的重点项目稳步推进

中日两国政府高度重视泰国东部经济走廊计划，积极参与相关项目合作。2018年5月，中、日、泰三国政府机构在曼谷联合召开“泰国东部经济走廊中国－日本第三方市场合作国际研讨会”，会议提出中、日、泰企业应发挥各自优势，打造“产业+技术+资本+市场”的模式，开展互惠合作。[①] 2018年10月，在首届“中日第三方市场合作论坛”上，中、日、泰三方企业签署《关于在泰国春武里安美德工业园加快发展安美德智慧城市的合作备忘录》，共同推进安美德智慧城市项目。

除了安美德智慧城市项目之外，在泰国东部经济走廊发展计划的重点项目中，还包括连接泰国三大机场的高铁项目。该项目将连接曼谷廊曼机场、曼谷素万普那国际机场以及芭堤雅的乌塔堡机场，全程约220公里，计划于2024年开通。2018年11月，连接泰国三大机场的高铁项目进行招标，中日泰三方企业采取联合竞标的方式开展合作。2019年5月28日，泰国内阁批准了该项目，正大联合体中标。中标联合体由泰国正大集团牵头，成员包括中国铁建、中国中信集团、中国华润、中车四方、德国西门子、韩国现代、曼谷地铁运营商、泰国基础建设公司、日本海外交通与城市开发事业支援机构、日本国际协力银行等。目前，中日泰三方合作的意愿比较强烈、大型企业主导先行，通过相互持股、共同投资等资本和项目合作，已形成利益捆绑、风险共担的战略合作伙伴关系，有力地推进了三方合作，也起到了较好的示范效应。未来，中日第三方市场合作有望由点及面，由泰国逐步扩大到整个湄公河地区。

（四）中日在湄公河地区第三方市场合作的相关机制不断完善

相比较其他区域而言，中日在湄公河地区开展第三方市场合作具有更为有效的合作平台，相关合作机制正在逐步探索对接方式，为深化合作创造了有利条件。早在1992年，亚洲开发银行倡导建立了“大湄公河次区域经济合作”[②]，中国和湄公河五国作为主要成员积极参与合作。二十多年来，亚

① 《泰国东部经济走廊中国－日本第三方市场合作国际研讨会在曼谷举行》，人民网，2018年5月31日，http：//world. people. com. cn/n1/2018/0531/c1002－30026081－3. html。

② 大湄公河次区域经济合作（Greater Mekong Subregion Economic Cooperation，简称GMS），由亚洲开发银行在1992年发起成立，成员国包括中国、柬埔寨、老挝、缅甸、泰国、越南六国。GMS的宗旨是通过加强各成员国间的经济联系，消除贫困，促进次区域的经济和社会发展。

洲开发银行在合作中起到了秘书（secretariat）、协调者（coordinator）和出资者（financier）[①]的作用。日本作为亚洲开发银行的最大股东，以及该行主导的“亚洲开发基金”“日本特别基金”的最大出资国，对大湄公河次区域经济合作持积极态度并具有充分的参与条件。不仅如此，2009 年 11 月召开了首届“日本 - 湄公河国家首脑峰会”，日本创建了与湄公河国家的新合作机制。2018 年 10 月，在第 10 届“日本 - 湄公河国家首脑峰会”上，泰国总理巴育明确表示希望日本与中国合作，这样湄公河流域的每个国家都能因此获益。

中国与湄公河国家不仅在大湄公河次区域经济合作的框架下展开合作，还在 2016 年启动了新型的合作平台——“澜沧江 - 湄公河合作”[②]。2016 年 3 月，澜沧江 - 湄公河合作首次领导人会议在海南三亚成功举行，会议发表了《三亚宣言》，提出“建设面向和平与繁荣的澜湄国家命运共同体，树立以合作共赢为特征的新型国际关系典范”。[③] 澜沧江 - 湄公河合作自启动以来稳步发展，2018 年 1 月澜沧江 - 湄公河合作第二次领导人会议上公布了《澜沧江 - 湄公河合作五年行动计划（2018 ~ 2022）》，提出将与大湄公河次区域经济合作等其他湄公河次区域合作机制相互补充，协调发展。[④] 长期以来，中国、日本、湄公河国家都是大湄公河次区域经济合作的重要参与者和受益者，而“日本 - 湄公河国家首脑峰会”与澜沧江 - 湄公河合作的基本理念相通，各方正在探索相关机制的良性对接，努力为湄公河流域民众带来实实在在的利益。

---

① *Joint Summit Declaration*：*5th GMS Summit of Leaders*, December, 2014, p. 7, https：//www.adb.org/sites/default/files/page/42450/5th - summit - joint - declaration - greater - mekong - subregion - gms.pdf.

② 澜沧江 - 湄公河合作（Lancang-Mekong Cooperation，简称 LMC）。由中国与湄公河五国共同发起和建设，旨在深化六国睦邻友好合作，促进次区域经济社会发展，缩小地区国家发展差距，助力东盟一体化建设和地区一体化进程，为推进南南合作、落实联合国 2030 年可持续发展议程做出新贡献。

③ 《澜沧江 - 湄公河合作首次领导人会议三亚宣言（全文）》，澜沧江 - 湄公河合作，2016 年 3 月 23 日，http：//www.lmcchina.org/zywj/t1511256.htm。

④ 《澜沧江 - 湄公河合作五年行动计划（2018 ~ 2022）》，澜沧江 - 湄公河合作，2018 年 1 月 11 日，http：//www.lmcchina.org/zyxw/t1524906.htm。

三　中日在湄公河地区第三方市场合作面临的主要挑战

第三方市场合作的推进，为中日两国实现互利共赢提供了新平台和试验田。中日在湄公河地区开展第三方市场合作具有较为坚实的合作基础，开局势头良好，发展前景可期。与此同时，也应该看到，受中日关系、日本对华政策、第三方市场风险、美国对日本及湄公河国家的拉拢和施压等多重因素的影响，中日在湄公河地区第三方市场合作仍然面临着比较艰巨的考验。

首先，中日关系仍然具有较大的不确定性，制约了中日在湄公河地区第三方市场合作的推进。自 1972 年中国与日本建交以来，双边关系未曾走出“破冰—友好—冰点”这一循环怪圈。[①] 两国间的政治摩擦时有发生，尽管出现过所谓的“政冷经热”现象，但这也只是相对而言，政治关系的发展变化势必对经济关系产生直接影响。2018 年正值《中日和平友好条约》缔结 40 周年之际，中日首脑互访带动双边关系出现新一轮“回暖”，开启了中日关系由竞争走向协调合作的新阶段。但不容忽视的是，中日关系仍然面临着诸多严峻挑战。

一直以来，中国与日本两国之间复杂而敏感的历史问题、领土争端、现实冲突、战略互疑等，层层叠加的深层次结构性矛盾制约和阻碍着中日关系的发展。加之 20 世纪 90 年代以来中国发展势头强劲，2010 年中国超越日本成为世界第二大经济体，两国的发展战略、地缘战略日益发生碰撞。日本既希望能够分享中国经济增长带来的巨大红利和广阔市场，同时又担心中国壮大会冲击其产业竞争力乃至国际影响力。[②] 在这样的情况下，不仅双方国民感情容易产生波动，中日关系也易出现曲折，由此也会影响经贸领域的合作，这些因素必然影响中日第三方市场合作的深度与广度。

① 刘红：《“一带一路”框架下中日合作路径探析》，《东北亚论坛》2019 年第 3 期。

② 徐梅：《从“一带一路”看中日第三方市场（2018～2022）》，澜沧江－湄公河合作，2018 年 1 月 11 日，http：//www.lmcchina.org/zyxw/t1524906.htm；刘红：《“一带一路”框架下中日合作路径探析》，《东北亚论合作的机遇与前景》，《东北亚论坛》2019 年第 3 期。

其次，日本对“一带一路”建设仍然具有合作与竞争的两面性，制约着中日在湄公河地区第三方市场合作的发展。当前国际经济秩序正处动荡调整期，地区和全球层面出现一定的权力空白，“一带一路”、亚洲基础设施投资银行等一系列中国倡议，使日本忧虑中国将占据秩序和规则的主导权，日本仍然将中国视为战略竞争对手。日本寻求与中方展开第三方市场合作，直接动因在于应对国际国内形势的发展变化，更是为了在中美日三边互动下，为自身争取更大的“行动空间”和博弈筹码，具有鲜明的短期应变特征和功利色彩。① 2017 年 5 月，日本与印度推出“亚非增长走廊”计划。2018 年 7 月，美日澳建立三边合作伙伴关系，共同投资印度－太平洋地区的基础设施项目。这一系列举措，表明日本并未放弃对冲“一带一路”的战略方针。

在参与“一带一路”建设、与中国开展第三方市场合作方面，日本政府在公开表示合作意愿的同时，也频频向中方“提要求”，要求中方“守规则”。对于本国的企业，日本政府则设置了多重条件和限制。日本政府将基础设施、产业升级、节能环保等列为重点合作领域，但是又“强烈建议”经济界对合作项目进行“筛选”，尤其是铁路、港口、机场等“可作军事用途”的相关基础设施项目，不建议与中方展开合作。② 日本政府的态度必然通过相关政策、法规等途径影响日本企业在海外的投资和决策，进而影响中日第三方市场合作的进程。

再次，湄公河地区的投资环境有待提升，中日在湄公河地区的第三方市场合作仍然面临较大风险。目前除泰国外，中国、日本的企业在湄公河地区的第三方市场合作仍然处于寻找合作项目的起步阶段，且较难展开大规模的合作。这主要是因为湄公河流域国家多为欠发达国家或是不发达国家，其信用评级较低，投资环境较差，经济发展比较依赖外资，抵御外部风险的能力

① 卢昊：《日本对“一带一路”倡议的政策：变化、特征与动因分析》，《日本学刊》2018 年第 3 期。

② 卢昊：《日本对“一带一路”倡议的政策：变化、特征与动因分析》，《日本学刊》2018 年第 3 期。

较弱。比如，缅甸民族和解仍未实现，且面临较大的政治、经济转型压力，易引发经济和社会动荡；柬埔寨、老挝的投资环境、法律法规等制度体系等因素也制约和影响了外资的流入。

世界银行发布的《2018 年全球营商环境报告》显示，在 190 个被统计的国家及地区营商环境排名中，泰国位列第 28 名，越南位列第 68 名，而柬埔寨、老挝、缅甸则分别位于第 135、第 141 和第 171 名。[①] 值得关注的是，越南近年来非常注重加快推动行政改革，改善投资经营环境等，取得了积极成效。2019 年 1 月，《全面与进步跨太平洋伙伴关系协议》在越南正式生效；6 月 30 日，《越南与欧盟自由贸易协定》正式签署，越南出口欧盟近 99% 的产品将享受零关税，越南招商引资的优势凸显。不过总体而言，尽管湄公河地区的市场充满新的发展机遇，但是湄公河国家仍然迫切需要进一步提升和完善投资营商环境。

最后，美国对日本及湄公河国家的拉拢与施压，给中日在湄公河地区第三方市场合作造成了阻碍。2018 年以来，美国联合盟国、伙伴关系国以印太区域多边海洋安全合作为路径，不断推进“印太战略”，对中日在湄公河地区的第三方市场合作造成消极影响。在 2018 年 8 月召开的东盟外长会议上，美国提出将为东南亚国家新提供近 3 亿美元的“安保资金”。此外，美国表示将在印度太平洋地区投资 1. 13 亿美元，主要用于推动数字连接、能源合作和基础设施建设等项目。美国“印太战略”意在对冲“一带一路”的影响，日本作为美国的盟友，一直努力在中美间寻求平衡，特别是在中美贸易摩擦升级的背景下，日本必然顾及美国的利益关切，其外交决策和经济活动会受到美国因素的牵制。

而湄公河国家长期以来推行“大国平衡”策略，通过积极参与多重机制来构建和维护自身利益，以获得资金和技术的支持。随着“印太战略”的推进，美国从政治、安全、经贸等方面强化了与湄公河国家的合作。特别

---

① *Doing Business 2018*, The World Bank, http://www.doingbusiness.org/~/media/WBG/DoingBusiness/Documents/Annual-Reports/English/DB2018-Full-Report.pdf.

是美越战略伙伴关系正在走向实质化。2018 年，越南还首次受邀参加了美国主导的“环太平洋”军事演习。美国在湄公河地区的活动，既是为了获取美国在该地区的利益，也意图牵制中国在这一地区日益增长的影响力，这给中日在湄公河地区的第三方市场合作投下了阴影。

四　推进中日在湄公河地区第三方市场合作的路径思考

中日在湄公河地区的第三方市场合作虽面临着种种的挑战，但当前仍处于较好的机遇期。第三方市场合作贵在落实，要抓住“一带一路”建设的历史性机遇，促使中日两国间政治改善与经济合作深化形成良性互动，合力应对第三方市场合作中的困难与风险，积极推动相关合作机制的融合，落实更多契合第三方市场需求的项目，为地区经济增长带来可持续发展的动力，将第三方市场合作打造成新时期地区合作新增长点。

（一）加强各方的政策沟通，优化企业合作环境

虽然中日在湄公河地区开展第三方市场合作惠及多方，但是从历史经验来看，主要伙伴国之间的经贸、外交摩擦都会波及和影响第三方市场合作，保持中日关系的总体稳定对双方共同推进第三方市场合作有着至关重要的作用。日本参与“一带一路”建设的政策中既有合作也有竞争，对此，中国应有足够认识，既不能忽视两国之间存在的矛盾与竞争，也不能简单地将两国之间的竞争视为“零和博弈”，应争取推动日本转变认知、减少矛盾，使中日两国相向而行，共同推动双边关系稳定发展。具体可以围绕中日在湄公河地区的第三方市场合作，不断探索和创新合作的渠道，推进两国民间企业深入开展互利合作。通过推进中日合作实践，增信释疑，向日方充分展示合作前景，进一步激发日本国内特别是经济界的积极性。

中国、日本也应该加强与湄公河国家的政策沟通，推动落实契合第三方市场需求的项目。遵循“企业主导、政府推动、平等协商、互利共赢”的原则，增进相关机构、企业间的交流与合作，为企业合作创造良好环境和有

利条件。通过开展交易会、联合展示会，以及商事法律服务等活动，了解和掌握第三方市场法律、法规、项目等合作信息，提供信息共享和培训支持服务，跟进重点行业、企业和项目动态，建立和完善对接第三方合作的信息服务平台。

（二）建立第三方市场合作的长效机制，促进相关机制实现对接合作

中日两国在湄公河地区开展第三方市场合作，应争取建立并维护好长效的工作机制。要准确对接合作需求，进一步明确重点工作和实施计划，在项目合作的各阶段保证信息的及时沟通。积极探索企业在经营理念、管理模式、技术标准等方面的协调与对接，管控第三方市场合作中出现的争议与分歧，及时调整相关政策，协调解决合作中出现的问题。

同时，要重视发挥次区域合作现有合作机制的作用，尽快推动澜沧江－湄公河合作与大湄公河次区域经济合作之间搭建一个信息、经验分享的平台。大湄公河次区域经济合作已经积累了近 30 年合作经验，在战略管理及项目投资等方面拥有丰富的经验和前期成果，对于澜沧江－湄公河合作具有重要借鉴意义。如在资金管理方面，每年用到湄公河地区的资金有限，但成效很大。技术援助和赠款服务于贷款，每个贷款配套实施技术援助项目，保证了资金使用和项目实施配合得当，政治基础和民意基础都比较扎实，项目运作良好。相关知识和经验对于当前推进第三方市场合作项目有重要启示。可考虑在澜沧江－湄公河合作与大湄公河次区域经济合作的平台下，将“第三方市场合作”列入对话与合作议程，建立健全学习交流机制和对话渠道，从制度、人员、项目等多层面，加快中日在湄公河地区第三方市场合作的进程。

（三）围绕重点领域开展第三方市场合作，改进合作方式

中日两国在湄公河地区各具优势，拥有许多共同的利益。中日双方应积极拓宽合作领域，创新合作方式。探索组建联合体投标、联合生产以及联合

投资等新型合作模式，逐步推动产业链合作向中高端迈进，以较高的性价比拓展市场。共同推进湄公河地区工业化和现代化的进程，实现中日和湄公河国家的互利共赢。结合湄公河地区经济社会发展的情况，可以重点在以下领域深入开展第三方合作。

一是基础设施建设领域。基础设施建设是湄公河地区优先发展的领域，也是中日两国着力发展和推广的项目。但是中日企业在工程技术标准、管理服务等方面存在较大差异，双方需要就相关问题进行协调，充分尊重东道国的意愿和需求开展项目合作，共同推进高质量、高水平的项目建设。二是装备制造业。目前中国的装备制造业与日本相比仍有较大差距，中国在质量、价格、服务、人力资源方面具有一定优势，日本在管理核心技术方面的优势更明显一些。可以以此为契机加强相关领域的合作，有效对接各方供给需求，凝聚产业链中高低端环节，为第三方市场合作提供新动力。三是节能环保和新能源领域。日本在环境保护、节能降耗等方面，有着良好的产品和技术。而中国新能源发展势头强劲，中日可以发挥互补优势。在湄公河地区，三方之间可以在城市环境治理、共建环保发电厂等项目开展合作。四是新业态和新产业。中国创新型经济发展中涌现出来的新产业、新业态也开始走向湄公河地区，大数据、云计算和人工智能为代表的新经济在湄公河地区有良好发展前景。中国的优势就是市场广阔，经验成熟，日本主要是技术优势，包括物流结算等，双方可以联合搭建电子商务平台，提升贸易化水平，共同开拓湄公河地区市场。

（四）结合各方优势，建设中日第三方市场合作的示范项目

在推进中日在湄公河地区第三方市场合作的进程中，可以通过“中 + 日 + X”模式，有选择性地针对国家关系友好程度高、市场潜力大的国家，集中优势资源建设一批高水平、有代表性的项目。目前，中、日、泰三国政府都高度重视东部经济走廊三方合作，智慧城市项目和连接泰国三大机场的高铁项目都在稳步推进。下一步，仍然需要增进政府间政策沟通，加强对企业的引导和服务，充分发挥三方企业的优势，将“东部经济走廊”项目打

造成中日泰在“一带一路”框架下的示范性旗舰合作项目。争取形成第三方市场合作的示范和带动效应，进一步向越南、柬埔寨等国家拓展市场。

在企业层面，中日企业在湄公河地区展开具体合作项目时，应规范企业投资经营行为，合法合规经营，重视对东道国的技术、管理等软件方面的培训和支持，注重细节和民众感受，提高本地化程度。发挥专业技能，开展联合项目，推动当地工业园区创造附加值。重点推进涉及东道国重要民生需求、就业和经济增长的项目。注重保护当地生态环境，履行社会责任，坚持民生为本，更多惠及东道国当地民众生活，为第三方市场合作的推进树立良好口碑和形象。

（五）创新金融支持模式，防范第三方市场合作的风险

中日企业在湄公河地区的市场合作，离不开金融、保险行业的引领和支持。两国政策性、开发性、商业性银行，以及保险机构应按照市场原则和多边实践开展合作。在相关机构间探索建立定期对话和信息共享机制，减少投资信息不对称，防控项目的信用风险。积极发展联合融资、平行贷款、股权投资，以及技术援助等合作。吸引更多社会资本参与东道国项目建设，推动在第三方市场合作项目中使用公共资金和私人资金相结合的创新融资方式。探索与湄公河国家金融机构进行对接与合作，实现融资来源多样化，为第三方市场合作项目提供必要的融资便利。

此外，要积极开展与国际货币基金组织、世界银行、亚洲开发银行等国际组织以及各区域多边开发银行的合作。特别是要加强与亚洲基础设施投资银行的对接和协调，创新融资方式，共同推进第三方市场合作项目，并在更广泛的金融领域开展合作。

结　语

中国和日本在湄公河地区开展第三方市场合作的潜力巨大、发展前景良好，既有利于中日两国实现互利共赢、推动中日关系行稳致远，也将为湄公

河地区经济社会的发展提供重要动力。同时也应看到，开展第三方市场合作，较双边合作而言涉及因素更为复杂，在实践层面也面临更多的困难。推进中日在湄公河地区的第三方市场合作，需要中日双方抓住当前的战略机遇期，进一步增信释疑，凝聚合作共识，合力应对困难与挑战。要遵循“政府引导、企业主体、市场运作、互利共赢”的原则，逐步完善中日第三方市场合作机制，针对湄公河地区的市场需求培育和落实更多的合作项目，推动合作向高标准、高质量的方向发展，为共建“一带一路”夯实基础，创造区域多边合作的新亮点。

B.3
中国与湄公河国家跨境经济合作区的发展历程及成效

王欢欢　梁 晨*

摘　要： 跨境经济合作区是澜湄国家重要的经济合作平台，建设跨境经济合作区可以有效提升澜湄国家投资和贸易便利化水平，有助于集聚和高效配置各国在跨境区域的优势资源，推动区域经济发展，促进澜湄国家命运共同体的建设。近年来，中国与越南、缅甸、老挝等湄公河国家在跨境经济区建设方面进行了一些积极的探索，取得了重要的进展和初步成效。

关键词： 中国　湄公河国家　跨境经济合作区

跨境经济合作是指在毗邻国家的边境地区通过一系列合作制度安排，使区域内主体享有特殊的产业政策、财政税收政策、金融扶持政策等，使各项要素能够自由地跨境流动，并吸引要素资源向边境地区迅速集中。跨境经济合作把不同国别的政策、资源、技术、人才、文化相组合，从而最大限度地促进资源与产业的结合，进而提升为资源与知识的最佳配置。跨境经济合作能通过加强跨境贸易和吸引外来投资提高国际经济合作关系和促进区域经济发展，并提高当地的发展能力。多年来，中国与越南、老挝、缅甸等湄公河国家在跨境经济合作方面进行了一些可贵的探索，取得了积极的进展。

---

* 王欢欢，云南大学周边外交研究中心科研助理，硕士；梁晨，云南大学国际关系研究院讲师，云南大学周边外交研究中心科研秘书。

一 澜湄流域跨境经济合作区建设的背景

（一）澜湄流域跨境经济合作发展的政策支持

1992 年，亚洲开发银行发起大湄公河次区域经济合作计划，希望通过加强中国、柬埔寨、老挝、缅甸、泰国和越南等国家之间的经济联系，建设一个协调繁荣的次区域。这一机制，为澜湄流域开展跨境经济合作创造了良好条件。2016 年澜湄合作机制正式启动，这是一个由中国倡导成立的新型周边次区域合作机制，旨在进一步深化中国与湄公河国家之间全方位的友好合作关系，提升整个澜湄区域的发展水平。该机制以打造澜湄国家命运共同体为愿景，以政治安全、经济和可持续发展、社会文化交融为支柱，以互联互通、产能、跨境经济、水资源、农业和减贫为优先发展方向，得到了亚洲基础设施投资银行提供的重要资金支持。

2017 年 7 月 26 日，澜湄合作跨境经济合作联合工作组第一次会议召开，跨境经济合作联合工作组正式成立。澜湄六国与会工作组组长共同签署了《澜湄合作跨境经济联合工作组首次会议纪要》。2018 年 1 月，《澜沧江 - 湄公河合作五年行动计划（2018 ~ 2022)》发布，指出要通过跨境经济合作区的试点建设，进一步完善合作框架、工作机制等，推进跨境经济合作。[①] 2018 年 6 月 19 日，澜湄合作跨境经济合作联合工作组第二次会议召开，提出了落实《澜湄国家关于加强跨境经济合作部长级联合声明》的有关方案和步骤，就编制《澜湄国家跨境经济合作五年发展规划》的框架安排交换了意见并原则上达成共识。[②] 大湄公河次区域合作、澜沧江 - 湄公河

① 《澜沧江 - 湄公河合作跨境经济合作联合工作组首次会议在昆举行》，中华人民共和国商务部，2017 年 8 月 23 日，http：//www. mofcom. gov. cn/article/resume/dybg/201708/20170802631526. shtml。

② 《澜湄合作跨境经济联合工作组第二次会议在昆明举行》，中华人民共和国中央人民政府，2018 年 6 月 21 日，http：//www. gov. cn/xinwen/2018 - 06/21/content_ 5300187. htm。

合作等机制框架下相关政策的实施，得到了澜湄流域国家的高度关注和认可，为跨境经济合作提供了制度保障。

（二）中国与湄公河国家跨境经济合作区建设概况

跨境经济合作区作为国与国之间边境经济合作的重要载体，可以有效利用国内国际两个市场、资源，提高对外开放水平，已成为澜湄流域国家双向开放型经济的重要平台。[①] 本文梳理的六个澜湄流域跨境经济合作区为中国广西壮族自治区、云南省分别与越南、老挝、缅甸边境省份合作建立的跨境经济合作区，其中，广西方向有 3 个，云南方向也有 3 个。

2010 年 6 月，中国云南省政府与越南老街省人民委员会签署《关于进一步推进中国河口 - 越南老街跨境经济合作区建设的框架协议》。2010 年 9 月，中国磨憨经济开发区和老挝磨丁经济特区签署《中国磨憨 - 老挝磨丁跨境经济合作框架性协议》。2010 年 10 月，中国广西凭祥市与越南谅山省、广西百色市与越南高平省以及广西东兴市与越南芒街市分别签署《中越跨境经济合作区建设框架协议》。2015 年 6 月，中国云南省德宏州与缅甸木姐地区又签署《中缅瑞丽 - 木姐跨境经济合作区国际研讨会纪要》，确定在云南方向建设中越、中老、中缅 3 个跨境经济合作区。

二　中越跨境经济合作区建设的进展

中国的“一带一路”倡议，越南的“两廊一圈”发展战略，以及澜湄合作机制，为中越推进跨境经济合作区建设提供了良好的契机。中越边境线总长 1450 公里，沿边主要市县有中国广西的东兴市、凭祥市、百色市和云南的河口县，越南的芒街市、同登市、老街市和茶岭县等。现今，中越边境线上已经有 8 个国家一类口岸，累计建成高速公路 20 余条，开通国际客货

---

① 陈慧：《“一带一路”背景下我国西南跨境经济合作研究》，《广西社会科学》2016 年第 7 期。

运输线路17条。中国广西东兴市比凭祥市、百色市和云南的河口县在跨境经济合作方面更具有区位优势，发展空间更大。

（一）中国凭祥－越南同登跨境经济合作区发展历程

1. 发展历程

中国广西凭祥市的腹地区位条件和交通条件比较便利，其所属的南宁和崇左作为自治区的首府和区域核心城市，支撑能力很强，外贸进出口规模比较大。2018年，凭祥市被国家列为陆上边境口岸型国家物流枢纽承载城市。如今，凭祥市的友谊关口岸实现进口“提前审结、卡口验放”监管作业模式，充分释放口岸现有空间，保障口岸作业区功能发挥，为企业提供高效的通关环境，促进货物顺畅进出，确保贸易的稳增长。中越两国地方政府对推进中国凭祥－越南同登跨境经济合作区建设的态度一直比较积极，取得的进展见表1。

表1　中国凭祥－越南同登跨境经济合作区建设进展情况

时间	进展
2005年初	中国广西凭祥市率先提出了建设中越凭祥－同登跨境经济合作区的构想
2005年4月	中国广西崇左市与越南谅山省商贸旅游厅达成了构建中越凭祥－同登跨境经济合作区的合作意向
2007年1月	中国广西壮族自治区与越南谅山省签署《建立中越边境经济合作区备忘录》，提出在双方接壤地区各划出8.5平方公里共同建设中越跨境经济合作区的设想
2007年10月	联合国联合开发计划署驻华代表处启动“援助中国－越南跨境经济合作区项目”
2008年12月	中越跨境经济合作区中方先行区凭祥综合保税区获中国国务院批准设立，并于2011年9月正式封关运营，中方成立中越凭祥－同登跨境经济合作区管理委员会
2013年10月	中国国务院总理李克强访问越南，中国商务部和越南工贸部共同签署《关于建设跨境经济合作区的谅解备忘录》，中国商务部、广西、云南联合组成《中越跨境经济合作区建设共同总体方案》起草小组，形成了《共同总体方案》初稿
2015年5月	在越南河江省河江市举行“中国广西与越南高平、谅山、广宁、河江省联合工作委员会第七次会议”，凭祥市与越南同登－谅山口岸经济区管理委员会共同签署《关于建立凭祥（中国）－同登（越南）跨境经济合作区定期会晤机制的备忘录》

资料来源：根据中华人民共和国商务部网站（http：//www.mofcom.gov.cn/）、广西新闻网（http：//www.gxnews.com.cn/）的内容整理。

2. 建设成效

中国凭祥－越南同登跨境经济合作区的广西凭祥综合保税区率先实现跨境劳务合作系统信息化管理。友谊关口岸为节假日可正常通关和信息化智能通关的沿边口岸。友谊关口岸落地签证业务开展成效显著。中越货运直通取得突破，越南货车先在全区实现跨境过驳。西部陆海新通道设施规划建设全面加强，凭祥铁路口岸升级改造工程（一期）启用，口岸开发建设加快推进。中越双边银行合作不断深入，全年实现跨境人民币结算。中越双边本币回流闭环成功搭建，广西首笔人民币现钞通过凭祥完成调运回流。口岸加工集聚壮大。广西凭祥边境经济合作区、广西凭祥综合保税区和东盟红木产业园三大园区，从“通道经济”加快向“口岸经济”转型发展。电商产业政策规划逐步完善，跨境电商交易量超额完成。中越农业企业互派技术人员开展技术合作与交流培训，对外合作交流全面深化。同时，中方园区已编制完成了《跨合区凭祥园区建设方案》；完成了跨合区现状综合报告、空间布局模式、产业发展、综合交通发展等四个专题研究；凭祥边境贸易货物物流中心、综保区二期产业配套、中越浦寨－新清跨境货物专用通道、跨合区供水一期工程、排水排污一期工程、路网工程、凭祥（铁路）口岸优化升级、中国边贸第一城、中国－东盟（凭祥）水果城、国门新城等建设工作也相继完成。①

（二）中国东兴－越南芒街跨境经济合作区

1. 发展历程

东兴市是国家重点开发开放试验区，是中越贸易额较大的口岸城市之一。东兴互市贸易区位于中越界河北仑河东岸，与越南芒街市隔河相望，是促进中国－东盟自由贸易区经济合作的重要项目。此外，东兴市的地理区位优势比较大，是广西乃至中国内陆地区连接越南及东盟的最便捷的通道，所

---

① 《跨境经济合作区助力中越经贸发展》，中国贸易新闻网，2018 年 9 月 20 日，http://www.chinatradenews.com.cn/touzi/201809/20/c37565.html。

以，它的经济社会发展基础都优于其他边境城市。中国东兴－越南芒街跨境经济合作区建设进展如表2所示。

表2　中国东兴－越南芒街跨境经济合作区建设进展情况

时间	进展
2006年	东兴和芒街两地轮流举办中越边境商贸旅游博览会，搭建了跨境经济合作的重要平台
2007年	东兴市和芒街市两地政府签署《中国东兴－越南芒街跨境经济合作区的框架协议》，形成初步合作意向
2010年9月	中国广西和越南广宁省签署《共同推进建立中国广西东兴－越南广宁省芒街跨境经济合作区协议》，跨境经济合作区建设进入具体运作阶段
2013年10月	中越两国决定在北仑河两岸各规划10平方公里左右的特殊监管区，建设跨境经济合作区，双方共同确定了跨境经济合作区的空间布局、产业规划、基础设施安排等
2017年5月	中国国家主席习近平在北京会见越南国家主席陈大光，双方发表《中越联合公报》，明确指出双方要加快商签《中越跨境经济合作区建设共同总体方案》
2017年11月	中越双方正式签署《中国商务部与越南工贸部关于加快推进中越跨境经济合作区建设框架协议谈判进程的谅解备忘录》，为正式签署总体方案奠定了坚实基础
2018年9月	第三届中越跨境经济合作论坛暨中国东兴－越南芒街跨境经济合作区专场推介会在南宁举行，助推跨境经济合作区建设加快获批，推进跨境经济合作区加快开发建设
2019年6月	中国广西壮族自治区提出《深化东兴重点开发开放试验区和跨境经济合作区管理体制机制改革方案》

资料来源：根据中华人民共和国商务部网站（http：//www.mofcom.gov.cn/）、广西新闻网（http：//www.gxnews.com.cn/）的内容整理。

2. 建设成效

中国东兴－越南芒街跨境经济合作区东兴试验区管委会完成了口岸综合服务区规划设计方案。跨合区、口岸综合服务区分工布局进一步优化。中越北仑河二桥、友好大道、沿河大道一期已经建成，高速公路连接跨越大道和第一片区的道路基本贯通，“两纵一横一环”路网初步成形。罗浮变电站已完成项目立项和规划选址，落实了建设资金。东兴口岸二桥综合服务区的国门楼主楼和2座裙楼已经封顶。“互市＋全产业链”“跨境旅游六联合”的跨境产业模式逐渐成熟。2019年3月19日，中国东兴－越南芒街口岸北仑河二桥开通，进一步促进了东兴试验区和中越跨境经济合作区建设。跨境经济合作区中方园区已取得突破性进展，产业布局和总体规划已经确定，基础设施日臻完善，跨境旅游增长迅猛，跨境金融不断创新。同时，芒街市在体制机制、优惠政策方面得到了越南中央政府和广宁省的高度重视和支持，使芒街在越南9个口岸经济区中优先获得政府批准，准许芒街在2016～2020年建设阶段中享受经济区等政策，该经济区汇聚了国际、国内丰富独特的多领域、综合化发展潜能。①

（三）中国河口－越南老街跨境经济合作区

1. 发展历程

中国河口－越南老街跨境经济合作区位于中国云南省河口口岸和越南老街口岸的腹地，该区域经济发展水平、交通条件、发展质量和富裕程度较为薄弱、工业发展也相对落后。然而两地区经济互补性强，双方合作愿望强烈、态度积极，取得的进展如表3所示。

表3　中国河口－越南老街跨境经济合作区建设进展情况

时间	进展
2005年9月	中国云南省红河州政府与越南老街省人民委员会签署《中国红河－越南老街跨境经济合作区方案》，合作区以河口国际口岸区和金城商贸区为起点，逐步向各自国内其他地区延伸
2010年6月	中国云南省政府与越南老街省人民委员会签署《关于进一步推进中国河口－越南老街跨境经济合作区建设的框架协议》，推动跨境经济合作区建设迈出关键步伐
2012年10月	中国云南、广西完成《中越跨合区共同总体方案》（初稿），提交两国有关部门征求意见，并交由越南修改完善
2012年11月	中国云南红河州开始《中国河口－越南老街跨境经济合作区发展规划》编制工作
2013年8月	越南政府开始编制《老街－河口跨境经济合作区建设方案》

① 张冠年、谭海东：《中国东兴－越南芒街联合举行投资推介会150家企业参加》，广西新闻网，2019年5月16日，http：//news. gxnews. com. cn/staticpages/20190516/newgx5cdd4900－18322494. shtml。

续表

时间	进展
2014 年 4 月	中国云南省召开跨境经济合作区建设总体规划和控制性详细规划编制阶段性成果汇报会,将跨境经济合作区总体方案和中方园区初步建设方案上报国家商务部,等待批复
2017 年 11 月	中国商务部与越南工贸部签署《关于加快推进中越跨境经济合作区建设框架协议谈判进程的谅解备忘录》,同意在中国河口 - 越南老街试点建设跨境经济合作区
2018 年 12 月	中越正式签署《中华人民共和国红河州人民政府与越南社会主义共和国老街省人民委员会(2019 ~ 2023 年)政府间合作规划协议》; 双方一致同意将河口(中国) - 老街(越南)跨境经济合作区纳入《中华人民共和国政府与越南社会主义共和国政府关于建设跨境经济合作区的框架协议》

资料来源：根据中华人民共和国商务部网站（http：//www. mofcom. gov. cn/）、云南网（http：//www. yunnan. cn/）、云南省人民政府外事办公室网站（http：//www. yfao. gov. cn/wsdt/zswsxw/201812/t20181221_ 827209. html）的内容整理。

2. 建设成效

中国河口 - 越南老街跨境经济合作区，充分发挥前沿优势，平台建设步伐加快，经济发展活力显著增强。首先，口岸基础设施功能逐渐完善。云南省河口至马关高速公路、屏边至河口高速公路，中国坝洒至越南巴刹跨境界河公路大桥、红河航运项目正在进行；中国河口县 3 座危桥改造、蚂蝗堡大桥至芹菜塘公路等项目前期工作完成，槟榔寨至火车北站一级公路（一期）投入使用。中越国际运输河口旅游客运枢纽站一期工程、南溪河漂流提升改造旅游重大项目也在加快建设，中国河口至越南老街、沙巴跨境旅游直通车开通。在商贸物流业方面，北山国际物流园滇越货场升级改造、河口口岸进出口农产品交易市场等重点项目顺利推进。跨境经济合作区的入园企业不断增加。2019 年 6 月 28 日，中国云南边境口岸首条“绿色通道”中国（河口） - 越南（老街）农副产品快速通关“绿色通道”在河口红河公路口岸正式开通。同时，河口县积极与越南老街市开展交流活动，继续深化双方在经贸旅游、跨境劳务、口岸建设等领域的交流与合作，睦邻友好关系更加巩固。

（四）中国龙邦－越南茶岭跨境经济合作区

1. 发展历程

龙邦口岸位于中国广西百色靖西市南部，与越南高平省茶岭县的雄国口岸相对。口岸位置优越，周边资源丰富，口岸通关第一年贸易额就突破亿元人民币，之后每年都以10%以上的速度增长。如今，龙邦口岸是百色市唯一的国家一类口岸，是桂西、滇东、黔南通往越南及东南亚各国的便捷陆路通道之一。近几年，百色市与高平省在建设龙邦－茶岭跨境经济合作区方面取得的进展见表4。

表4　中国龙邦－越南茶岭跨境经济合作区建设进展情况

时间	进展
2007年11月	百色市与高平省开展不同层次的互访活动，对跨境经济合作区的规划建设、边境贸易政策、边民互市贸易点建设等进行交流沟通，达成了共识，签署《中国龙邦－越南茶岭口岸中越边境经济合作区合作协议书》
2008年6月	中越两国经贸合作委员会举行第六次会谈，双方同意将中越跨境合作区项目纳入中越经贸发展五年规划，推进龙邦－茶岭跨境经济合作区建设
2015年	中越双方委托新加坡邦城规划顾问公司负责龙邦－茶岭跨境经济合作区规划建设工作，将龙邦－茶岭跨境经济合作区纳入中越两国共同总体方案
2017年2月	百色市与高平省签署《中国广西百色市与越南高平省加快中国龙邦－越南茶岭跨境经济合作区试点项目建设的协议》
2018年12月	《中国龙邦－越南茶岭跨境经济合作区（中方区域）总体发展规划（2016～2030）》完成编制并通过专家评审，中越双方开始提速合作区内基础设施建设

来源：根据中华人民共和国商务部网站（http：//www.mofcom.gov.cn/）、广西新闻网（http：//www.gxnews.com.cn/）的内容整理。

2. 建设成效

目前，中国龙邦－越南茶岭跨境经济合作区口岸基础设施、配套服务功能、联检查验通关设施及中越企业投资均取得阶段性成果。2017年10月，中方万生隆公司投资建设运营的龙邦边民互市区投入使用，增强了中国百色与越南高平的贸易往来，扩大了双边贸易，推动了双边经济发展。① 除了加速中越双边口岸基础设施建设外，中越双方积极推进多方协同合作机制。龙邦园区建设货物通道、新国门、互市区、仓储冷链以及水果和粮食进境口岸；湖润园区完成国门、民互市点、联检办公、交易以及仓储中心建设；岳圩园区完成450亩土地的征收，并成功引进一些企业入驻；平孟园区的国际商贸物流中心逐步规划设计。② 同时，《广西百色重点开发开放试验区建设实施方案》已经上报国家。龙邦、平孟、岳圩、湖润四个边贸产业园区开工建设。跨境劳务合作取得新突破。“百色一号”对接中欧班列常态化运营，开通中越集装箱直通班列。越南方面，官方规划建设总面积44.56平方公里的口岸经济区，由茶岭口岸园区和高平园区两个园区组成。其中，茶岭口岸园区一期工程建设包括口岸联检区、仓储区、出口加工及商务中心等，建成后将与中方龙邦口岸功能区实现无缝对接。目前，茶岭口岸联检区、仓储区及旅检通道均已投入使用。

从上述中越四个跨境经济合作区的发展历程和建设成效来看，经济全球化和区域经济一体化的发展为中越边境城市的跨国经济合作提供了强大的外部动力，使得国与国之间跨境经济合作得到了进一步加强。经过二十多年的发展，中越边境的城市已经从早期的“边缘地区”逐步走向了跨境经济合作的“前沿地区”。

二　中老、中缅跨境经济合作区建设的进展

（一）中老跨境经济合作区建设

中国云南省最南端的磨憨口岸毗邻老挝磨丁口岸，是中国通向老挝唯一

① 黄鸿睦：《中越双边管委会第七次会晤在越南高平省举行》，百色新闻网，2018年7月20日，http：//gov.bsyjrb.com/content/2018-07/20/content_132366.htm。

② 《百色政协委员丁丽华：关于设立自治区级百色重点开发开放试验区、百色（靖西）边境经济合作区并把中国龙邦-越南茶岭跨境经济合作区》，广西政协网，2018年2月23日，http：//www.gxzx.gov.cn/index.php？m=content&c=index&a=show&catid=67&id=22710。

的国家级口岸，也是中国通往东南亚最便捷的陆路通道。老挝磨丁口岸是昆曼国际大通道进入老挝的第一个口岸，也是老挝和中国质检唯一的国家级一类陆路口岸。

1. 发展历程

截至 2019 年 7 月，中老磨憨 – 磨丁跨境经济合作区建设取得的进展如表 5 所示。

表 5　中老磨憨 – 磨丁跨境经济合作区建设进展情况

时间	进展
2009 年	中国云南省编制《中老磨憨 – 磨丁跨境经济合作区可行性研究报告》，并上报中国商务部
2010 年 9 月	中国磨憨经济开发区与老挝磨丁经济特区签订《中国磨憨 – 老挝磨丁跨境经济合作框架性协议》，同意成立联合协调领导小组，建立交流会晤机制
2012 年 3 月	中老双方就共同研究建设中老跨境经济合作区达成共识
2013 年 9 月	中国编制了《西双版纳磨憨跨境经济合作区发展规划(2013 ~ 2020)》，相关部委专家评审并通过，对中老跨境经济合作区建设的重大意义、指导思想、基本原则等做了全面阐述，可指导跨合区今后发展
2013 年 10 月	中老双方举行“中国云南 – 老挝北部合作特别会议暨工作组第六次会议”，签署了《加快中国磨憨 – 老挝磨丁经济合作区建设合作备忘录》
2014 年 6 月	中老两国签署了《关于建设磨憨 – 磨丁经济合作区的谅解备忘录》，磨憨—磨丁经济合作区正式纳入中老两国国家层面项目开启推动
2015 年 8 月	中老政府正式签署《中国老挝共同总体方案》，磨憨 – 磨丁经济合作区建设进入实质性阶段
2016 年 3 月	中国国务院正式批复，同意设立中国老挝磨憨 – 磨丁经济合作区
2016 年 11 月	中老两国政府正式签署《中国老挝磨憨 – 磨丁经济合作区共同发展总体规划》，经济合作区的发展进入快车道
2019 年 7 月	中国云南省人民政府成立中国老挝磨憨 – 磨丁经济合作区建设领导小组

来源：根据中华人民共和国商务部网站（http://www.mofcom.gov.cn/）、云南网（http://www.yunnan.cn/）的内容整理。

2. 建设成效

中老磨憨 – 磨丁经济合作区自成立以来，正逐渐成为中老友好合作示范区、中国与东盟深化合作先行区和边境口岸发展样板区。2018 年 11 月，中老铁路纳堆一号隧道顺利贯通；2018 年 12 月，中老国际通道玉磨铁路首个车站——研和站投入使用。[①] 2018 年 1 月到 11 月，中方园区共签署招商引资协议 6 份，概算总投资 13 亿元人民币，在工商注册登记的企业约 590 家。[②] 截至 2019 年 5 月底，中方园区已累计为老挝境内中老铁路建设、磨丁经济特区以及大型水电等项目建设等支出工人工资 5000 万元人民币。中方园区实现了人民币现钞跨境调运和边民互市贸易结算业务，截至 2019 年 5 月已累计通过银行开展人民币跨境结算超 1 亿元。[③] 中老磨憨 - 磨丁经济合作区是中老两国政府共同推进“一带一路”建设的重要载体和平台，对深化中老经贸合作、促进中老边境地区繁荣稳定、巩固和发展中老全面战略合作伙伴关系具有重要意义。

（二）中缅跨境经济合作区建设

1. 发展历程

中国云南省瑞丽市与缅甸木姐县的边境线长达 288.9 公里。目前，中缅跨境经济合作区是中缅边境通道最多、国家级口岸和特殊经济功能区最密集的区域。中缅跨境经济合作区建设取得的进展如表 6 所示。

表 6　中缅瑞丽 - 木姐跨境经济合作区建设进展情况

时间	进展
2007 年	中国云南省提出建设“跨境经济合作区”的构想，开始了前期论证工作
2013 年	缅方初步同意双方共同建设经济合作区的构想
2015 年 12 月	中缅瑞丽 - 木姐跨境经济合作区前期推进工作联合工作组第一次会议召开，会议达成很多共识，但由于缅甸新旧政府更迭，合作区的相关事宜被搁置

① 《中老铁路沿线再添“大城”：南腊新区悄然崛起》，国家旅游地理，http：//news. cntgol. com/dyzd/20190114/214012. html。

② 《磨憨 - 磨丁经济合作区发展成这样了！》，腾讯网，2019 年 1 月 3 日，https：//new. qq. com/omn/20190103/20190103A0UFZN. html。

③ 《中老首条双边本外币现钞陆路跨境调运通道　服务实体经济成效明显》，西双版纳新闻网，2019 年 6 月 21 日，http：//www. bndaily. com/c/2019 - 06 - 21/101400. shtml。

续表

时间	进展
2016 年 9 月	中国云南省政府向商务部上报《云南省人民政府关于推进中缅瑞丽－木姐跨境经济合作区建设有关事项的函》
2017 年 5 月	中国和缅甸正式签署《中国商务部与缅甸商务部关于建设中缅边境经济合作区的谅解备忘录》,取得实质性的进展
2017 年 11 月	中缅进行中缅跨境经济合作区的专题会晤,双方达成共识,计划在 2018 年完成并签订瑞丽－木姐跨境经济合作区共同开发总体内容
2018 年 4 月	中国邀请缅甸考察团到中国考察跨境经济合作区;缅甸成立了部长级委员会及工作小组,开发事项被列入中缅双方议事日程

来源：根据中华人民共和国商务部网站（http：//www. mofcom. gov. cn/）、云南网（http：//www. yunnan. cn/）的内容整理。

2. 建设成效

中缅瑞丽－木姐跨境经济合作区建设为中缅双方的经贸合作、边民互市和文化交流创造了很多发展契机。全面完成姐告口岸封闭管理，“境内关外”优惠政策落到实处，旅游购物、跨境电商等新业态逐步落地，形成了中缅双方双向互动良好态势。瑞丽市成立汇洋劳务公司，出台了外籍人员务工管理办法，外籍务工劳务市场更加规范。2012 年 10 月，瑞丽市和木姐县签订了友好城市关系协议书，结为姐妹城市，并连续几年举办中缅胞波狂欢节和中缅边境贸易会。[①] 木姐县积极配合缅方推进贸易通道建设，105 码货场改扩建援建项目全面竣工；云南省完成弄八公路可行性研究报告；木曼公路改扩建项目加速推进。内外联通的综合立体通道建设全面提速。木姐口岸作为缅甸最大的陆路口岸，也成为缅甸重要的贸易口岸和缅甸对外开放的经济特区。区域融资平台融资功能不断发挥。姐告贸促通电子商务公司在缅甸境内开通电子商务平台，实现缅币在线支付。瑞丽市跨境投资有限公司成立并已正式运行，主要负责对中缅瑞丽－木姐边合区进行基础设施投资。该公

① 《今年前 5 月云南与“一带一路”沿线国家贸易额同比增长 9.5%》，新华网，2019 年 6 月 14 日，http：//www. yn. xinhuanet. com/reporter/2019－06/14/c_ 138142942. htm。

司启动了以姐告跨境电商特色小镇建设、缅甸木姐中央商务区等开发项目。其中，瑞丽口岸跨境电商监管场所项目已围网建设。[①]

四 总结与展望

从近几年中国与越南、老挝、缅甸三国跨境经济合作区的发展历程来看，虽然双边跨境经济合作区处于协商共建、申请国家的正式批复过程中，但已经逐渐过渡到成熟期。[②] 跨境经济作为澜湄合作机制中的5个优先合作领域之一，在澜湄区域国家的大力推动下，取得了突出进展，成为深化澜湄合作新平台。

从跨境经济合作区的建设成效来看，中国投资建设的越南龙江工业园，中越两国积极推进的东兴－芒街、凭祥－同登、河口－老街、龙邦－茶岭等跨境经济合作区的建设；中国与老挝建设的铁路，老挝赛色塔工业开发区的建设和中老相继签署的建设跨境经济合作区的共同总体方案及总体规划；中缅关于跨境经济合作区建设的提议，都是澜湄区域跨境经济合作区建设的示范。在此基础上，中越、中老、中缅的跨境经济合作区逐步发展成中国与澜湄国家经贸往来的黄金地带和重要边境贸易口岸。澜湄流域跨境经济合作的迅猛发展，是澜湄区域内市场发展需求的必然结果，与其强劲的内生动力密切相关。

跨境经济合作作为澜湄合作机制中的5个优先合作领域之一，已经成为澜湄国家经济一体化的“金钥匙”。可以预见，随着澜湄合作的推进，跨境经济合作区将成为促进澜湄国家区域一体化和命运共同体构建的全新平台。在发展中国家之间，特别是基础设施落后的国家，需要一种符合相关国家发展阶段的合作模式。实践证明，跨境经济合作就是适合澜湄国家合作的有效模式。选择在基础较好的澜湄国家开展跨境经济合作，率先打造

---

① 《中缅瑞丽－木姐边合区项目建设进展顺利》，中华人民共和国商务部，2019年3月4日，http：//www.mofcom.gov.cn/article/resume/n/201903/20190302839727.shtml。

② 张丽君等：《中国跨境经济合作区进展报告》，中国经济出版社，2018，第7页。

区域合作升级版，将会大大提升合作效率，充分发挥示范和引领作用，推动澜湄国家整体上的经济合作，最终从整体上提高区域合作水平，促进区域一体化。同时，跨境经济合作区建设作为区域经济一体化的新路径，不仅仅是国与国之间的基础设施建设，更重要的是区域内经济与文化交融。因此，中国与湄公河国家不仅要通过建设跨境经济合作区使各种优势资源形成互补，共谋经济发展，还要积累成功的跨境经济合作经验，有效规避风险，共同应对挑战，促进澜湄流域国家的边境地区脱贫、稳定、繁荣，促进澜湄国家命运共同体的建设。

B.4

中缅经济走廊建设的机遇、挑战及云南的参与*

邹春萌**

摘　要： 共建中缅经济走廊是中缅两国高层的重要共识，是深化两国合作的新平台。当前，推进中缅经济走廊建设的机遇与挑战并存，尤其是在2020年缅甸大选前后的关键时期，经济走廊建设面临的不确定性因素增加。作为经济走廊建设重要组成部分的云南，在参与走廊建设方面拥有独一无二的优势地位和基础条件，云南应立足自身优势，把握机遇，认清挑战，积极主动稳妥地参与中缅经济走廊建设。

关键词： 中缅经济走廊　中国　缅甸　云南

2017年11月19日，中国外交部部长王毅访缅时，提出共商共讨建设北起中国云南，经中缅边境南下至曼德勒，再分别延伸至仰光和皎漂的中缅经济走廊。这是中国官方首次正式提出建设“中缅经济走廊”的倡议，得到了缅方的积极响应。中缅经济走廊是继中巴、中老经济走廊之后，由中方提出的又一双边经济走廊倡议，其重要性和意义不言而喻。在两国高层的重视与指导下，中缅经济走廊建设快速推进。2018年6月底，缅甸政府在香港举办中缅经济走廊大型项目全球推介会，邀请国外资本投资仰光新城、仰

* 本文是“2019年云南省哲学社会科学规划项目”一般项目（项目编号：YB2019038）的中期成果。

** 邹春萌，博士，云南大学国际关系研究院东南亚研究所、周边外交研究中心研究员。

光－伊洛瓦底项目与勃生工业城、新曼德勒度假城、保山曼德勒缪达经贸合作区、木姐中央商务区等项目。[①] 2018 年 9 月 9 日，中缅两国政府正式签署《关于共建中缅经济走廊谅解备忘录》，紧接着召开了中缅经济走廊联合委员会第一次会议。2019 年 2 月 21 日，中缅经济走廊联合委员会第二次会议在昆明召开。目前，两国围绕中缅经济走廊合作理念及原则、联委会工作机制、早期收获项目、合作规划，以及推进重大合作项目等进行了多轮磋商，达成了广泛共识。双方组建了发展规划、产能与投资、交通、能源、农业、边境经济合作区、数字丝绸之路、生态环境、旅游、金融、信息及地方合作等 12 大重点合作领域的专项工作组，明确了上海、深圳、云南分别与缅甸仰光、皎漂、曼德勒省三地的针对性合作，签署了《仰光新城开发项目框架协议》《木姐－曼德勒铁路项目可行性研究备忘录》《皎漂经济特区建设框架协议》等，经济走廊建设迈向新的发展阶段。作为中缅经济走廊重要组成部分的云南，应把握好历史机遇，全面认识挑战与风险因素，积极主动地参与中缅经济走廊建设，力争在经济走廊建设中发挥重要作用，做出应有贡献。

一　中缅经济走廊建设面临的机遇

当前，中缅经济走廊建设正处于历史较好时期，中缅传统关系进一步深化发展，两国政治互信增强，中国在缅形象有明显改善，缅甸民众对华认知好转，加之缅甸亟须借助外力发展经济，中缅经济走廊建设面临较好机遇。

（一）中缅两国政治互信增强，经济走廊建设的政治环境向好

民盟赢得大选后，外界一度担心中缅关系会出现波折，怀疑民盟的对外政策会“倒向西方”“亲西疏华”。毕竟从意识形态和历史背景看，民盟的

① 《中缅经济走廊大事记》，缅华网，2018 年 10 月 4 日，http：//www.mhwmm.com/ch/NewsView.asp？ID＝33907。

政治主张与西方政治理念相似，长期得到西方的支持与帮助。然而，自民盟政府执政以来，中缅两国高层互访频繁，在边境安全稳定、经济社会发展等各领域的互利合作进一步加强。中国积极协助缅甸推动和平进程向前发展，特别是2017年和2018年的“21世纪彬龙会议”第二次、第三次会议，中方在促进与会方的广泛参与、协商对话等方面做出了巨大的努力，得到民盟政府的感谢、军方的理解和缅甸民众的欢迎。民盟执政以来，中缅传统友好关系经受住了考验，中缅继续保持友好关系，政治互信不断巩固，双边合作持续深化。中缅双方已就《促进双边经济与技术合作协议》达成共识，签署了《建设中缅边境经济合作区的谅解备忘录》。中方提出的若开问题三阶段解决方案以及“一带一路”倡议，均得到缅方的积极回应。2018年12月7日，缅甸政府宣布组建实施“一带一路”指导委员会，昂山素季亲任委员会主席，缅第一副总统任副主席，多名政府部长和省邦行政长官为委员会委员，以更好地推动落实“一带一路”倡议下共建中缅经济走廊的相关事务，深化双方各领域的务实合作。

（二）中国在缅形象得到较大改善，经济走廊建设的舆论环境好转

由于种种原因，过去缅甸民间不少人对中国投资和中资企业的印象欠佳。近年来，中方在重大项目建设上不断进行总结、反思和调整，更加关注缅方对环保问题的关切，更为注重企业形象的维护与塑造，并有针对性地加强对缅各级政府、民众和国际社会、非政府组织（NGO）的宣传，一定程度上改善了中国企业在缅甸的形象。同时，中缅两国的民间机构与有识之士也做了大量的工作来改善民间认知，加强民间友好交往，积极引导两国民众对彼此形成正面认知，为中缅经济走廊建设营造了较好的舆论氛围。根据云南大学缅甸综合社会调查项目组前期调研结果，缅甸仰光、曼德勒、勃生、马圭等地超过一半的受访民众认为，中缅经济走廊建设将给当地经济社会发展和民生改善带来积极影响，他们期待两国在此框架下加大农业、加工业、教育和医疗卫生领域的投资与合作，还有部分民众特别期待中国帮助改善缅甸落后的交通基础设施。与其他中国在缅大型投资项目相比而言，中缅经济

走廊倡议自提出以来受到缅甸民众的普遍欢迎，缅甸民众对经济走廊建设充满期待。

（三）民盟持续推进经济改革，经济走廊建设的经营环境趋好

2015 年大选获胜后，民盟推出了自己的经济发展计划，展示了新一届政府持续推进国内经济改革的决心和意志。2016 年 4 月，民盟政府推出“百日计划”，在经济和社会领域出台了一系列改革措施。2016 年 7 月 30 日，民盟政府公布的“缅甸 12 项国家经济政策”，可以看作民盟政府经济发展计划纲要。随后两年多时间里，民盟政府相继发布新的投资法及其实施细则、新的公司法案及与知识产权保护相关的一系列法律法规，缅甸国内营商环境和投资环境进一步改善。近年来在相关政策的支持下，缅甸经济保持较快增长，财政赤字和公共债务均在可控范围，对外贸易和国内投资呈现较好发展势头，尤其是加工制造业的发展势头良好，已成为缅甸经济发展的重要推动力。未来缅甸民盟政府将继续通过宏观经济政策调整、政府赤字和公共债务缩减等措施不断改善投资营商环境，中缅经济走廊建设面临的经营环境将越来越好。

（四）缅政府亟须借助外力发展经济，经济走廊建设与缅方需求契合度较高

民盟执政以来，以实现国内和平为首要任务，对经济的关注度不够，经济发展绩效总体上略低于巩发党执政时期，尤其是在吸引外资方面，颓势明显，缅甸外来投资已连续三个财年大幅下滑，与缅甸民众及外界对民盟政府的期望存在差距。2020 年是缅甸的大选年，为赢得大选，民盟政府需在经济社会发展领域取得更大突破，以获得更多民意的支持。中缅经济走廊建设不仅有利于促进沿线地区经济发展，缓解缅甸地区发展的不平衡，提高人民生活水平，还将通过经济发展助力缅甸民族和解和罗兴亚人问题的解决，为民盟赢得 2020 年大选增加筹码。

二　中缅经济走廊建设面临的挑战

机遇与挑战总是相伴而行，中缅经济走廊建设也面临多方面的挑战。未来几年，尤其是在2020年缅甸大选前后，缅甸政治转型和中缅关系的发展仍有变数。加之缅甸经济基础薄弱，民族与宗教冲突此起彼伏，域外势力干扰不断，未来中缅经济走廊的推进实施也不会是一帆风顺。

（一）缅甸政治转型与对华关系的不确定性问题

尽管缅甸的改革开放取得一定成效，但政治隐患依然存在，各派力量的较量仍未停息。2015年大选顺利举行和2016年新旧政权平稳过渡在一定程度上增强了外界对缅甸平稳发展的信心，然而，执政的民盟和军方的博弈远未结束，在2020年大选前后缅甸国内政治及对华关系具有不确定性，中缅经济走廊的建设面临挑战。

一方面，以宪法和政党制度改革为核心的缅甸政治改革具有不确定性。从意识形态、目标和利益的视角看，民盟政府与缅军存在结构性矛盾，是不可调和的。但是双方都不具备将对方“踢出局”的实力，必须接受共存共处的现实。其实，缅甸民盟政府与军队已形成事实上的“双元权力中心”，两者既斗争又合作。[①] 在经济、外交、社会生活等领域，军方一般不会主动反对或干扰民盟政府的工作。但在涉及军队利益的领域，如修宪和民族和解等，缅军则会采取措施全力捍卫。

另一方面，缅甸对华关系具有不确定性。尽管昂山素季强调邻居不可选，中缅必须搞好合作，但中缅实力悬殊造成缅甸对华防范心理增强，而这种状况未来较难消除。近期，缅甸上上下下对华态度都有明显变化，但这种转变的基础并不牢固，存在反复的可能。当前，缅甸因罗兴亚人问题受到宗教极端主义和西方国家的双重压力而把中国看作可依赖的救星，一旦这种压

① 李晨阳：《当前缅甸的政治力量与权力架构》，《世界知识》2018年第18期。

力得到缓解，缅甸仍有可能回到传统大国平衡外交的轨道。[①] 因此，未来中缅之间的深度合作不一定会一帆风顺，尤其是在2020年大选前后，民盟为了保住执政地位，其政策和立场容易受到民意的左右。一旦中缅之间的某个问题被西方媒体或缅国内势力炒作起来，中缅经济走廊的建设项目就可能受到冲击。[②]

（二）缅甸经济基础薄弱问题

由于长期闭关锁国并受国际制裁，缅甸仍属不发达国家之列，基础设施落后，资金匮乏，金融体系不健全。缅甸薄弱的经济基础和过度依赖资源类产品的经济结构不利于经济可持续发展，基础设施的严重滞后又阻碍着外来投资的扩展。2018年世界银行公布了全球160个国家和地区的物流绩效指数，缅甸综合指数排名第137位，其中交通基础设施指数排名第143位，属最差之列。[③] 至今，缅甸仅有一条高速公路（仰光－内比都－曼德勒），与周边5个邻国尚无一条铁路或高速公路相通；电力严重短缺，工业用电无法保证24小时供应；人均电话的拥有量和网络的普及率也较低。改善基础设施是缅甸政府的首要任务，囿于资金、技术的短缺，政府在这些方面束手无策。金融体系不完善是制约缅甸经济发展的又一大瓶颈。长期以来，缅甸银行系统功能不健全，且缺乏公众信任，没有对经济和社会的发展发挥应有作用。同时，银行存贷款利率居高不下，企业融资成本很高，发展受到束缚。

（三）缅北民地武问题

缅北民地武问题一直是影响中缅关系的重大问题，中缅之间战略互信不足也缘于此，中缅经济走廊建设很难绕开缅北民地武问题。缅甸政府对

---

① 祝湘辉：《缅甸对华舆论大转向》，《世界知识》2018年第2期。

② 邹春萌：《中缅经济走廊建设的机遇与挑战》，《世界知识》2018年第2期。

③ The World Bank，International Logistics Performance Index from 2007 to 2018，https：//lpi. worldbank. org/.

缅北民地武一直实行逐步削弱策略，通过围困蚕食和制造摩擦、低烈度冲突的战术各个击破。不管是过去的军政府还是现在的新政府都想实现民族问题的解决，在此过程中政府军难免与民地武发生军事冲突。近年来，缅甸政府军与民地武的军事冲突一直未中断，对中缅合作项目已造成很大的负面影响。

（四）缅甸罗兴亚人问题

虽然中缅经济走廊并不经过罗兴亚人聚居区，但距离经济走廊的关键节点城市“皎漂”较近，经济走廊建设将面临一定的安全隐患。缅甸罗兴亚人问题由来已久，从20世纪初开始，缅甸佛教徒就有强烈的反穆斯林情绪，认为罗兴亚人是“外来户”，佛穆曾爆发过多次冲突，两者的矛盾根深蒂固。随着缅甸民主化进程的加快，社会自由度的提高，在一些极端组织的双向挑动下，近年来两派矛盾进一步加剧，并酿成多次大规模流血冲突事件。2016年以来的冲突已具有明显的恐怖主义色彩，且出现日益国际化的倾向。冲突带来的流血伤亡及难民问题，导致孟加拉国、马来西亚、印度尼西亚、美国，以及欧盟、国际伊斯兰组织、联合国等对缅甸的强烈指责与批评，严重损害了缅甸的国际声誉，引发了缅甸与国际社会的争吵。缅甸罗兴亚人问题的不断发酵将对中缅经济走廊的建设造成安全威胁。

（五）域外大国的干扰问题

长期以来，西方媒体一直渲染中国在缅甸的影响力，认为缅甸是中国的一颗“棋子”，故意抹黑中缅关系和中国政府、企业和公民的形象，以阻挠中缅合作关系的深化。因而，当前美国、日本、印度以及欧盟等势力不会希望也不会愿意看到中缅经济走廊建设的顺利推进，势必通过各种手段对缅施加压力，误导缅甸舆论，干扰中缅经济走廊建设，阻止缅甸与中国有更深入的战略合作。2018年初，西方社会针对中国“一带一路”项目鼓吹和炒作中国“债务陷阱”，歪曲中缅两国签署的共建中缅经济走廊谅解备忘录是

“债务陷阱协议”①，企图引起缅甸民众对中国投资的恐慌和担忧，以彻底扰乱经济走廊建设计划。中缅经济走廊建设的旗舰项目——皎漂经济特区项目就受到了较大影响。缅甸计财部部长吴梭温表示，为避免陷入“债务陷阱”，将寻求减少经济特区的规模，随后计财部副部长吴瑟昂宣布该项目投资规模从73亿美元降至13亿美元。

三　云南参与中缅经济走廊建设的基础条件

作为中缅经济走廊建设起点的云南，在与缅甸的政策沟通、设施联通、贸易畅通、资金融通、民心相通等“五通”方面已取得积极成果，这是云南参与中缅经济走廊建设的重要基础和有利条件。

（一）在政策沟通方面，云南与缅甸的沟通协作不断加强

从2013年开始，云南与缅甸之间定期举行滇缅合作论坛，共同探讨合作中存在的困难和问题的解决途径，研究促进交流合作的有利措施，推动双方全方位、多层次、宽领域合作。作为滇缅之间的会议机制，该论坛每年在滇缅之间轮流举办，是继滇老、滇越、滇泰合作机制后云南与周边国家建立的又一重要合作平台。2018年4月，第五届滇缅合作论坛在昆明召开。滇缅双方就贸易投资、互联互通、教育、卫生、文化、旅游合作及边境管理等议题深入交换意见。中方建议，加快中缅边境合作区和克钦邦密支那经济合作区建设；拓展云南从缅甸进口海产品、肉牛等，丰富双边贸易种类；尽快签署《中缅汽车运输协定》；实现两国公民及第三国人员持有效护照和签证从瑞丽－木姐等口岸出入境；建立文化和旅游领域交流合作机制等。当前，在中缅经济走廊建设框架下，云南省与曼德勒省正在协商建立两省合作机制；昆明市与曼德勒市也将结成友好合作城市。此外，云南还充分利用中

① John J. Xenakis, “World View: Myanmar Signs ‘Debt Trap’ Agreement with China in Response to Rohingya Genocide Censure”, *Breitbart News Network*, September 21, 2018.

国－东盟自由贸易区、大湄公河次区域经济合作、澜湄合作、孟中印缅经济合作等不同层次的合作机制，加强与缅沟通对话，促进滇缅全方位多领域的合作。

（二）在设施联通方面，滇缅之间基础设施的互联互通取得重要进展

一直以来，云南始终把推进与缅甸的互联互通作为对外开放的重点方向，不断完善交通等基础设施。目前，中缅铁路昆明—大理段已开通运营，大理—瑞丽段正加快建设；从昆明出发连接缅甸的高速公路昆明—瑞丽段已全线贯通；昆明与缅甸仰光、内比都、曼德勒之间的航线已开通，德宏芒市与曼德勒的航线也于 2019 年初开通。作为中缅边境重要地区的云南德宏，拥有瑞丽、畹町两个国家级一类口岸和章凤、盈江两个国家级二类口岸，还积极推进与缅甸的互联互通工作，共建设和修复中缅互联互通公路十多条，总里程约 700 公里。

在能源基础设施联通方面，截至 2017 年 4 月，中缅油气管道全部实现运营，并每年在缅甸境内卸载油气免费供当地使用，中缅两国还计划在管道沿线地区合作建设石化厂。同时，滇缅电力互联互通也在积极推进。滇缅之间已建成 110 千伏、220 千伏和 500 千伏三条高等级电力通道，2017 年滇缅电力贸易量达 17.2 亿千瓦时。在跨境通信光缆建设方面，滇缅之间的光缆传输系统已建成，使双方的通信互联互通水平明显提升。

（三）在贸易畅通方面，滇缅贸易往来日益密切

缅甸是云南第一大贸易伙伴，也是云南第一大进口来源国和出口目的地，且滇缅贸易在中缅贸易中居重要地位。2010 年以来，中缅贸易一直稳居缅甸对外贸易的首位，边境贸易是中缅贸易的重要组成部分，其中滇缅边境贸易又占中缅边境贸易的绝大部分。木姐口岸是缅甸最大的边贸口岸，贸易额约占全缅边境贸易总额的 70%。据缅甸商务部公布的数据，2017 财年（2017 年 4 月 1 日至 2018 年 3 月 31 日），中缅两国贸易总额从 2016 财年

（2016 年 4 月 1 日至 2017 年 3 月 31 日）的 108.05 亿美元增至 117.86 亿美元，其中缅甸向中国出口额从 50.55 亿美元增至 56.99 亿美元，从中国进口额从 57.49 亿美元增至 60.87 亿美元。滇缅贸易也在稳步增长。2016 财年，滇缅贸易 59.71 亿美元，较上一财年增加 2100 万美元。2017 财年，滇缅贸易额达到 63 亿美元，占中缅贸易额的 53%。该财年，仅滇缅木姐口岸的边贸额就达 58.42 亿美元，拉扎、清水河、甘拜地口岸的边贸额分别为 2.38 亿美元、5.72 亿美元和 1.17 亿美元。①

近年来，云南积极配合国家层面加快中缅边境经济合作区、边贸货币结算、通关便利化等方面的合作，以进一步促进两国贸易持续快速发展。自 2016 年以来，中缅就建立中国瑞丽－缅甸木姐等边境经济合作区进行磋商，开展可行性研究，并于 2017 年 5 月签署了《建设中缅边境经济合作区的谅解备忘录》，为深化滇缅合作注入了新的活力。与此同时，云南还积极吸引一些外向型加工产业向边境地区聚集，例如北汽云南瑞丽汽车、银翔摩托车等，以提升云南对缅贸易的水平。

（四）在资金融通方面，云南企业对缅开展了有效合作

多年来，云南企业在能源、农业、制造业等领域与缅甸开展一系列合作，取得积极成效。据统计，截至 2018 年底，云南在缅甸共设立企业 128 家，协议投资 103 亿美元，实际投资 19.8 亿美元。在能源合作领域，2018 年 4 月，由云南省能源投资集团有限公司投资建设的仰光达吉达燃气蒸汽联合循环电厂一期 106 兆瓦发电项目完工，该项目每年至少可为缅甸国家电网提供 7.2 亿度电，解决仰光省内及周边地区 4.2 万多户家庭的用电问题。在农业合作领域，从 20 世纪 90 年代初开始，云南企业即在缅北地区实施罂粟替代种植计划。2006 年，云南设立专门的罂粟替代基金扶持企业赴缅开展罂粟替代种植项目。截至 2012 年，云南在缅北及老北实施替代种植项目 200 多个，种植面积累计达 300 多万亩，涉及甘蔗、玉米、橡胶、水稻等 47

---

① 数据来源：缅甸商务部，https：//www.commerce.gov.mm/en/content/。

个品种。缅北罂粟种植面积由 20 世纪 90 年代最高峰的 248 万亩大幅下降，缅北掸邦第一、第二、第四特区实现多年禁种。在民生援助方面，自 2014 年始，云南省每年安排 1000 万元专项资金对缅提供小型民生援助，实施了一批真正惠及民众、投入小、见效快的小型援助项目，在经贸、文化、农业、科技、教育、卫生、医疗等方面有针对性地开展对缅援助，并取得了良好的效果。多年来，云南保山市支持相关企业分别在缅甸曼德勒和密支那等地推进建设境外经贸合作区，为国内企业走向缅甸开展加工制造和装备产能合作搭建平台。目前，境外园区的建设已取得明显成效。

（五）在民心相通方面，滇缅之间在教育、文化领域开展了大量合作

云南是缅甸了解中国的重要窗口，在与缅开展民心相通工作方面有着独特且无可替代的地缘人文优势。随着云南教育事业的发展和国际化水平的提高，云南的教育对缅甸尤其是缅北地区产生了较大的吸引力。包括华人华侨在内的缅北各族人民希望能够体验中国文化、学习汉语。云南已推出便利政策，缅北边民持出入境证即可在滇停留、旅行、居住，这吸引了大量缅北边民申请到滇工作、学习。截至 2017 年底，云南省在各边境州市先后成立 7 个国际职业教育培训基地，为 9000 余名缅籍来华工作人员进行职业技能、疾病预防等方面的培训。① 云南省德宏州的瑞丽市是国家级开发开放实验区，每年约有 5 万名缅籍人员在此工作，云南省保山市的腾冲和临沧市的镇康、沧源、耿马等边境地区每年也吸引不少缅籍务工人员。云南教育国际化的步伐加快，与缅甸的教育合作交流更为频繁，云南有 11 所高校开设了缅甸语专业，每年吸引上百名缅甸大学生到滇留学。当前，云南已成为接受缅甸来华留学生最多的省份。② 除了加强缅甸留学生的培养，云南还派出教师

① 《滇缅合作论坛昆明启幕》，中国新闻网，2018 年 4 月 4 日，http：//www. yn. chinanews. com/news/2018/0404/29687. html。

② 刘静：《“一带一路”战略背景下推进滇缅教育合作的现状、挑战与前景》，《印度洋经济体研究》2015 年第 4 期。

赴缅开展汉语教学，为当地培训汉语教师。此外，为进一步增进中缅两国人民的友谊，巩固中缅胞波情谊，自2000年以来中缅两国每年在云南瑞丽举办中缅胞波狂欢节。截至2018年10月，中缅胞波狂欢节已成功举办了18届。

四　云南积极参与中缅经济走廊建设的几点建议

基于中缅经济走廊建设面临的机遇、挑战，以及滇缅合作的基础条件，云南在中缅经济走廊建设过程中应立足自身优势，厘清思路，把握良机，主动作为，有序而稳妥地参与经济走廊的建设。

（一）提高认识，厘清云南参与经济走廊建设的思路

在参与中缅经济走廊建设过程中，云南要秉持习近平总书记的“正确义利观”，做到义利兼顾，真正践行习总书记“亲诚惠容”周边外交理念，切实加强与缅方的沟通交流，深入透彻全面了解缅方需求，找准双方最紧要最急迫的契合点，实现需求的高度对接，以尽量消除缅方顾虑，并在充分对接和综合考量缅方经济承载能力的基础上，参与经济走廊建设。

与此同时，云南应切忌将中缅经济走廊建设理解为滇缅经济走廊建设。在参与中缅经济走廊建设过程中，云南要从大局和全局出发，服从国家的总体规划，服从中央的统一安排，主动配合相关部委积极推动经济走廊建设。一方面，要统筹协调好区域相关合作机制，既要结合中老经济走廊、孟中印缅经济走廊和中国－中南半岛经济走廊的建设，也要与澜湄合作机制相契合。另一方面，要积极与上海、深圳等沿海发达地区以及贵州、重庆、四川、湖南等兄弟省市合作，吸引国内外投资者共同参与中缅经济走廊建设。此外，还要主动对接成渝经济圈、长江经济带、泛珠三角区域合作、粤港澳大湾区的发展，加快融入国家区域发展的新战略新格局，将中缅经济走廊作为连接长江经济带与中南半岛经济走廊的纽带，积极服务内陆省市走向中南半岛经济圈，致力于将云南发展成为连接长江经济带与中南半岛经济圈的枢纽与桥梁。

（二）突出重点，有序参与经济走廊建设

一要以基础设施建设为重点，进一步促进滇缅基础设施互联互通。在交通基础设施建设方面，云南要积极参与中缅铁路建设，推进昆明经瑞丽或腾冲到仰光的公路的高等级化，助推中缅瑞丽—皎漂公路、铁路建设，实现与缅甸国内经济走廊规划的深度对接。在能源基础设施建设方面，云南应做好向缅输送电工程，提升滇缅电力联网水平，要敢于超越“密松事件”，帮助缅甸开发电力，满足缅甸民众的用电诉求。要依托中缅油气管道，参与沿线的成品油加工和天然气管网等配套设施建设，完善滇缅能源通道网络。在此基础上，强化滇缅边境口岸物流设施建设，促进货物、服务、资金、人员等生产要素的便捷流动，加快实现贸易投资便利化。

二要突出重要节点城市和境外或跨境园区建设。云南应积极推进与缅甸仰光、曼德勒、内比都、密支那、皎漂等节点城市的产业对接，促进农业、农产品加工业、纺织业等云南优势产业走向缅甸，帮助缅甸发展加工制造业，努力将节点城市打造成经济走廊建设的支点和增长极。云南应抓紧推进瑞丽－木姐、猴桥－甘拜地、清水河－滚弄等跨境经济合作区和曼德勒、密支那等境外经贸合作区的建设，将其发展成资源共享、优势互补、产业互动的跨境合作样板和经济走廊建设的先行先试区。云南还应充分利用与缅旅游资源的互补性，主动探索开发跨境旅游产品，打造跨境旅游精品线路，提升旅游吸引力，深化中缅经济走廊沿线的旅游合作。

（三）进一步突出人文交流和民生项目的重要作用

云南可依托高校和相关科研机构，加强与仰光大学、曼德勒大学、密支那大学等缅甸高校的全方位合作，共同建立国际联合实验室，开展联合研究；增加奖学金名额，吸引和支持更多缅甸留学生，力求改善缅甸大学生对中国的认知。云南可最大化利用援缅专项基金，将对缅援助项目优先安排在中缅经济走廊，开展卫生医疗、供水供电、防洪灌溉等小而实的民生项目，增强缅甸民众的获得感，提高援助项目的边际效应和外溢效应。此外，云南

可充分发挥文化的促进作用，继续加强滇缅文化交流，邀请更多的缅甸人士来滇交流访问，举办高层次的文化交流会与研讨会，为经济走廊建设营造更好的舆论环境，夯实经济走廊建设的民间基础。

（四）立足自身优势，整合各方面力量参与经济走廊建设

要着力发挥云南自身优势条件。云南要充分利用自身在中缅经济走廊建设中的优势地位与合作基础，整合云南全省特别是德宏、保山、临沧、普洱、西双版纳等与缅接壤的州市的力量和资源，全面参与经济走廊建设，引导和吸纳社会闲置资本注入走廊沿线的农业、基础设施、金融、旅游、地方合作等领域，避免云南仅仅成为中缅经济走廊建设的通道或资源地与销售地。同时，要充分发挥云南沿边金融综合改革试验区和瑞丽开发开放试验区的优势条件，采取多种投融资方式，积极引导国内外、省内外及社会民间资本投入经济走廊建设，适时考虑设立中缅经济走廊建设云南专项基金，支持具有代表性的民生项目的实施，着力解决建设项目投融资难题。

（五）积极争取国家层面更大的支持

云南应努力配合相关部委制定经济走廊建设总体规划和各专项规划，并向国家积极争取在经济走廊建设的国家规划和国家方案中体现云南元素，保障云南诉求。要请求国家支持云南省与缅甸曼德勒省建立的省际合作机制及昆明市与曼德勒市结成的友好合作城市，支持与缅接壤的州市与邻近的缅甸地方城市结成友好合作城市，帮助推动地方合作快速发展。要争取国家加大对云南企业的金融支持力度，在海关、边防、检验检疫、通关便利化、投资贸易自由化等方面给予云南更多的政策扶持。

（六）强化云南参与中缅经济走廊建设的保障工作

云南应依托中缅经济走廊建设谅解备忘录的重点领域，尽快制定参与中缅经济走廊建设的规划、方案及优先项目。在制定参与中缅经济走廊建设的

规划的过程中，要主动加强与缅方的协调，对接缅方各个层面的需求，不能只考虑云南的诉求。要充分发挥云南境外投资代表处、商会、协会的作用，支持云南开放型智库机构的发展，加强与缅甸智库的沟通交流，全方位跟踪缅甸动态和民意动向，及时把握缅甸最新的政治、经济、外交形势，特别是中缅经济走廊沿线的安全形势，加强风险管控和风险应对，安全稳妥地参与经济走廊建设。

B.5

湄公河地区的环境政治及对中国参与次区域合作的影响*

刘 稚 徐秀良**

摘 要： 近年来，基于环境问题而引发的环境政治在湄公河国家持续发展，并以其国际性、广泛性、敏感性对湄公河地区的国际关系、区域合作产生了重要的影响。湄公河各国的环境政治有着不同的特点和表现，对中国与这些国家的投资和经济合作乃至双边关系有着不同程度的影响。当前形势下，中方应以构建合作共赢、风险共担的澜湄国家环境利益共同体为目标，积极应对环境政治问题对区域合作带来的挑战。

关键词： 环境政治 湄公河地区 中国 次区域合作

20世纪90年代以来，在环境问题成为当代国际政治与经济的新焦点的背景下，当今国际关系发展趋势中出现了一种基于环境问题而引发的新型政治——环境政治（或生态政治），并以其跨国性、广泛性、敏感性等特点对国际关系、区域合作产生了越来越重要的影响，这在湄公河地区表现得尤为突出。近年来随着缅甸、老挝、泰国、柬埔寨等湄公河国家环境政治问题的

---

* 本报告为2015年国家社科基金重大项目"'一带一路'视野下的跨界民族及边疆治理国际经验比较研究"（批准号：15ZDB112）的阶段性成果。

** 刘稚，云南大学澜沧江-湄公河次区域研究中心主任，研究员，博士生导师，中国东南亚研究会副会长；徐秀良，云南大学国际关系研究院博士研究生。

发展和美国、日本等域外大国干预力度加大，中国在湄公河国家投资引发的环境问题成为相关国家和国际社会指责中国的热点，甚至被污名化，以致一些重大项目相继被搁置或叫停，不仅重挫了中国企业投资次区域国家的信心，也对中国参与次区域合作产生了不利影响。因此，对湄公河地区的环境政治问题必须给予足够的重视并采取相应的对策。

一　湄公河国家环境政治的特点及表现

环境政治的特殊性在于，它是从生态、自然、环境的角度来看待政治问题的，是一个涉及政治、经济、社会、文化等诸多领域，综合性很强、覆盖面很广的问题。[①] 冷战后，在西方政治民主化进程推动下，环境政治独特的理念和行动方式，冲击着传统的垄断型或威权型政治格局，继而成为发展中国家政治民主化进程中的一种标识，促进了整个非主流政治圈的政治发展。[②] 在此大背景下，近年来环境政治在湄公河国家崭露头角，方兴未艾。

随着湄公河五国政治经济转型的加速推进，产业结构迭代升级，环保立法标准显著提高，国际环境话语权逐渐增强，环境政治问题也开始出现在湄公河五国的政治生活中，并发挥着越来越重要的影响。在湄公河国家进入政治经济转型阶段的背景下，新闻媒体逐渐开放、非政府组织日趋活跃，各国政府、公众环保意识增强，资源民族主义上升，美、日等幕后推手以“环保”为利器制衡中国在大湄公河次区域的影响。非政府组织常常打着“环保”的旗号对中方投资项目发难，在媒体上大肆宣扬对中国的不实负面报道，激起民众对中国投资的抗议，导致中国一些重大投资项目陷入停滞的状态，不仅阻碍了中国在该区域的投资，也在一定程度上影响到中国与次区域内相关国家的关系。总体来看，在环境政治问题的影响下，湄公河国家对资

---

① 蔡拓：《当代中国如何在国际中定位的四大问题》，《当代世界与社会主义》2010 年第 1 期。

② 罗圣荣、陈飞羽：《政治转型背景下的缅甸环境政治》，《东南亚研究》2018 年第 2 期。

源、环境的保护与控制势必进一步加强，对外资的投资门槛也会进一步提高，大湄公河次区域合作也将从开发优先向开发与保护并重的方向转变，环境政治问题对次区域合作的影响将进一步加大。

（一）缅甸：冲突型的环境政治

缅甸属于欠发展国家，长期实施“资源变资产”的发展政策，主要是依赖土地、河流开展农业种植和水能开发，使国内的自然资源和环境面临巨大压力。尤其是在军人政权时期，政府侧重于追求资源开发所带来的经济利益，国家层面的环境治理能力较弱。2010 年以来缅甸进入政治转型期，实行市场经济，对外开放，改善人权状况，为民间社会参与环境运动打开了大门，促进了环境政治的蓬勃发展。在此背景下，缅甸涉华环境政治问题具有对抗性、组织性、持续性、多方博弈等特点，主要表现为：缅甸利益各方利用涉华环境政治议题进行博弈，在党派政治、民族政治、民主选举政治中为自身争取话语权、获取经济政治和社会权益。在外部和内部压力下，官方容忍民间和国际组织反坝运动的蔓延，继而违背中缅双方签署的协定，单方面搁置相关合作项目。2011 年 9 月，中国电力投资集团投资的密松电站被搁置，2012 年中国北方工业集团下属的万宝矿产缅甸铜业有限公司投资的莱比塘铜矿遭抵制，这两项打着环保的旗号抵制中方投资项目的大规模抗议活动将缅甸的环境政治运动推向了高潮。此后，围绕涉华环境议题展开的环境政治运动成为缅甸政治生活中的一种常态。①

政治转型以来，缅甸社会资源民族主义高涨，片面抵制他国投资、单方面搁置合作项目等一系列激进的环保思潮，客观上将环境政治推向极端化深渊。中国是缅甸最大的投资国，但由于中国对缅甸的投资主要集中在矿产、水电开发等资源性领域，一些非政府组织打着维护国家利益和保护环境的旗号，频频对中国在缅甸的投资项目发难，一些媒体大肆宣扬对中国的不实负面报道，把民众的关切从讨论环境、民生问题向国家安全问题、政治问题转

① 罗圣荣、陈飞羽：《政治转型背景下的缅甸环境政治》，《东南亚研究》2018 年第 2 期。

变，从而形成巨大的舆论态势，激起缅甸民众反对中国的不满情绪[①]，以致一些重大项目相继被搁置或叫停，中缅经贸合作也由此一度陷入困境。

缅甸各方势力错综复杂，中央政府、地方政府、“民地武”各种利益攸关方盘根错节，错综复杂，中方企业开展具体项目时必须平衡这些利益群体，这原本就为中方企业增加了困难，而缅甸利用环境政治问题阻挠中国企业在缅甸的项目正常开展，将严重影响中国企业对缅甸的投资信心，甚至为中缅双边的传统友好关系蒙上阴影。

（二）老挝：萌芽中的环境政治

1986 年老挝人民革命党开始实行革新开放政策后，外来投资不断增大，由此也带来了一系列生态环境恶化问题，例如森林资源遭受破坏导致水土流失和旱涝灾害；工业生产导致水污染和空气污染；矿产资源缺乏有效监管和过度开采开发导致水污染和土壤污染等一系列环境问题。[②] 面对不断恶化的环境问题，近年来老挝在向市场经济转变和向外国投资者开放国内市场的过程中，政府出台了一系列加强环境保护的法律和法规，这些法律法规覆盖了森林、矿产、水电等老挝蕴藏丰富的资源领域，并建立和完善了自然资源与环境部的职能。老挝政府虽然十分重视环境问题，但由于人力资源不足和财政经费的缺乏，老挝的环境治理能力仍然较低。因此，在对外政策上，老挝在环境治理方面大量依靠外国援助，特别是西方发达国家和国际组织提供资金和人力开发援助。

总体来看，老挝环境政治问题远不如缅甸那么突出，环境政治的话语体系在老挝还尚处于萌芽阶段，一个重要原因就是老挝作为发展比较稳定的社会主义国家，尚未发生大的政治转型，非政府组织对社会的影响比较有限。中国是老挝重要的贸易投资合作伙伴，且投资主要在老挝的矿产、能源、农业、电力，服务业、制造业、林业等领域，也存在着

① 刘务：《2013 年的中缅关系：稳步发展，挑战仍存》，《印度洋地区发展报告（2014）》，社会科学文献出版社，2014，第 180 页。

② 潘沙麦：《老挝生态环境问题及环保措施研究》，硕士学位论文，华中师范大学，2014。

产生环境冲突的风险。今后随着老挝政府和人民环保意识的提高，生态环境恶化问题将促进老挝环境立法的改革，抬高外国投资项目的环保门槛，中国企业在老挝的投资过程中既有机遇也有挑战。中国作为目前老挝外资的最大来源国，中国企业在老挝投资的重大投资项目多为有实力和知名度的中国国有企业，中国在老挝援建和承建的项目集中在水电、桥梁、公路和铁路等传统优势项目，具有投资金额大，投资领域集中的特点。这些领域对经济提升作用明显，但对生态环境的影响较大，从而受环境保护因素的制约也比较大。在项目开发推进的过程中，企业面临经济利益和环境保护的双重制约，容易受到外部因素的掣肘。另外这些投资项目和老挝大部分普通民众生活的改善并没有直接的关联，使得老挝普通民众对中国企业投资开发项目的好感度不高。[①] 近年来，老挝政府开始收紧对矿和部分农作物的经营许可审批，特别是2012年开始暂停审批新的矿产和橡胶种植等特许经营项目，所以在环境政治背景下，在可预见的未来，中国在老挝的投资企业将面临更大的环境保护的压力，并对中国企业在老挝的投资带来一定程度的冲击。

（三）泰国：渐趋成熟的环境政治

泰国是湄公河地区最早开始工业化进程的国家。一方面，在工业化进程中，国家经济腾飞，人民生活水平显著提高；另一方面，泰国生态层面的问题也相继显现。20世纪90年代到21世纪初，随着泰国民主化进程的推进，泰国政治生态中逐渐涌现各种各样的政治运动，环境政治就是其中之一。近年来，关于生态环境的公开抗议活动在泰国屡见不鲜，非政府组织、学术机构、知识分子等群体在这波民主化浪潮中发挥了重要领导作用，他们与传统的威权政治体系展开斗争，不断促进泰国的民主化转型，也推动着环境政治的发展。中泰经贸合作十分密切，近年来中国在泰国直接投资总量不断上升，投资规模日益扩大。截至2017年2月，中国企业在泰直接投资得到批

---

① 徐巴赛：《中国企业在老挝投资研究》，硕士学位论文，华中师范大学，2017，第29页。

准的项目共有607个，投资金额达66.37亿美元。[①] 随着中泰铁路等两国合作开发的大型项目相继上马，中泰两国进一步实现了大湄公河次区域内的互联互通，促进了两国的经贸关系发展。但与此同时，一些隐患与纠纷也相继出现，其中环境政治问题就是一个主要方面。

例如，中国在境内澜沧江上修建了多座水利水电项目，在境外控股及持有股份的水利项目也具有一定规模。而泰国方面对湄公河水资源的使用范围多局限于东北部干旱区的农业灌溉。随着环境权利意识觉醒，包括泰国在内的湄公河下游国家开始抱怨中国在水资源分配利用、航道分配、洪灾预警等方面有失公允。泰国一些反坝组织、环保组织也参与到反对中国建坝的环境运动中，在一定程度上激化了中泰在湄公河水资源方面的矛盾。[②] 又如，为提升湄公河航运能力，《2015～2025年澜沧江－湄公河国家间航运发展规划》规划了湄公河国际航道疏浚工程，目的是使500吨级货船通行，涉及中国云南省至老挝600公里以上的流域。但在工程实施过程中，遭到泰国环保组织、民众的反对和质疑，第二航务工程（泰国与老挝之间的湄公河皮龙河段）勘察自2016年12月至2017年2月上旬共遭遇三次发生在泰国的示威抗议活动。泰国环境政治的发展趋势呈多元化与工具化，可以预见今后还将对中泰基础设施建设产生一定的影响。

（四）柬埔寨：暗流涌动中的环境政治

总的来说，柬埔寨环境政治起步较晚，其原因在于柬埔寨民主政治及非主流政治的根基薄弱，作为非主流政治形态之一的环境政治话语体系，在20世纪90年代以前，影响力微乎其微，这也导致柬埔寨的生态环境遭受到了巨大的威胁。近年来，柬埔寨政府围绕生态环境保护主题相继出台了许多

① 潘欣、史雅娟、蒋海军：《加强海外园区建设，助力开放型经济迈上新台阶——柬、泰产业园区调研报告》，《中国产经》2018年第6期。

② Adam, Simpson, *Transforming Environmental Politics and Policy*: *Energy*, *Governance and Security in Thailand and Myanmar* (*Burma*): *A Critical Approach to Environmental Politics in the South*. Famham Surrey, GBR: Ashgate Publishing Ltd, 2014, p. 71.

法律法规并成立了一些机构。柬埔寨对国际环境合作比较重视，近年来洪森首相多次派代表团访问泰国、马来西亚、菲律宾和越南，参加东盟环保研讨会，环保部设立有东盟办事处，专门负责处理区域内的环境合作问题。目前，联合国开发计划署、联合国教科文组织、亚洲开发银行、世界银行、美国援助组织等多方国际组织，向柬埔寨提供了数千万美元的发展资金，帮助柬埔寨对大气、森林、沼泽地及野生动物等进行监督、管理和保护。随着新闻审查制度放宽、言论自由在民主化浪潮中渐进，政府开始利用新媒体广泛传播环境保护理念，从中央到地方，柬埔寨逐层建立起相应的环保机构，监督各地方的环境安全，并立每年6月5日为国家环保日。

中国是柬埔寨的第一大投资国。从1994年到2013年，中国对柬埔寨的直接投资额逾961亿美元。除此之外，中国还是柬埔寨的第一援助国。在柬埔寨外援国中，中国向柬埔寨提供的优惠贷款数额最大。中柬两国经贸合作密切，环境问题上的交集也必然出现。从经济结构来看，柬埔寨是一个发展中国家，劳动密集型产业及资源开发型产业的比重较大。柬埔寨主要的外国投资，主要来源于大型水利项目及矿业、林业开发。中国在柬埔寨的主要投资，也是集中在资源合作开发领域。因此，柬埔寨外国投资与环境政治事务的关系甚密。从经济体制来看，柬埔寨还没有完全形成市场经济体制。国有企业是柬埔寨的龙头，也基本上垄断了国内资源开发的话语权，柬埔寨与国外公司间的合作，基本上是在国有企业牵头下完成的。在涉华项目方面，中国近年来在水电项目上的投资额规模巨大，尽管加大柬埔寨的水利建设可以造福中柬两国人民，但过于集中的投资导向，还是招致不少非政府组织的反对与谴责。

从援助层面来看，目前中国已成为柬埔寨的最大援助国，但中国对柬埔寨的援助领域主要集中在基础设施建设领域，多为以大型国企为依托的援助项目，普通民生工程涉及较少，宣传力度相对欠缺。因此中国的援助虽然花费了大力气，但民间组织不认可，甚至指责中国的援助破坏了柬埔寨的生态安全。①

---

① Sebastian Strangio, "China's Aid Emboldens Cambodia", YaleGlobal, May 16, 2012, http://yaleglobal.yale.edu/content/chinas-aid-emboldens-cambodia.

（五）越南："以水为重"的环境政治关切

越南过去长期实行经济发展优先战略，对环境问题不甚重视。进入21世纪以来，越南开始在环境问题上寻求改变，逐步建立健全环境保护机制。围绕这一目标，越南政府提出了"2010～2020年环保战略""至2020年水资源战略""矿产战略""气候战略""越南2011～2020年可持续发展战略""国家的绿色增长战略"等，可以看出，越南提出一揽子环境计划正是为了迎合当今时代可持续发展的治国理念。随着环保理念的推广，越南正经历着环境政治与社会经济、文化、外交等多领域的融合，环境政治的发展也呈现一些新的趋势。

中越两国在湄公河次区域合作中关于环境议题的主要分歧表现在水资源开发方面。越南在湄公河流域开发中特别关注农业环境的保护，对中国在上游修建大坝十分担忧，遇有大旱更是频频发声。越南地处湄公河最下游，富饶的湄公河三角洲是越南最大的谷仓，而农业灌溉则是越南利用湄公河水的主要途径。但是，近年来越南下游地区面临着越来越严重的海水倒灌威胁。因此，越南政府更加注重取湄公河水灌溉农田以防止海水侵入，强调水资源合作务必优先协助各国应对自然灾害、土壤盐渍化、确保粮食安全。

二　环境政治对中国与湄公河国家合作的影响

（一）对中国在次区域国家投资和经济合作项目的影响

环境政治对中国在湄公河国家的投资和经济合作项目产生了较大影响。从负面影响来看，一是中国投资的部分项目（如缅甸密松水电站）被暂时搁置，虽然中资企业一直在努力争取，但复工仍遥遥无期；二是由于项目搁置、中止，对中国在湄公河地区的国家形象产生了负面影响，尤其是当地民众对中国的友好度和信任度降低。

环境政治问题在缅甸比较集中。2011年以来，中国在缅甸投资的密松水电站和莱比塘铜矿等项目因环境等问题被叫停，重挫了中国企业对缅投资的积极性，对缅投资额度明显下降。2010 年中国对缅甸投资额为 82.69 亿美元，但受 2011 年中资项目相继搁置事件的影响，中国对缅投资额呈现下降趋势，2011 年为 43.45 亿美元，2012 年降至 2.32 亿美元。2013 年是缅甸民主转型后中国对缅投资额最低的一年，本财年累计投资额为 0.56 亿美元。此后，中国对缅投资额逐渐回升，2014 年对缅投资额为 5.11 亿美元，2015 年为 33.24 亿美元，2017 年为 13.95 亿美元。截至 2019 年 9 月底，本财年中国对缅投资额为 6.35 亿美元。①

另外，环境政治问题对于投资湄公河国家的中国企业来说，是一把双刃剑，在造成环境风险和相关障碍的同时，也促使中国企业创新对外投资方式，提高标准，降低风险，保障项目和资金安全，并将推动湄公河国家内部的改变，创造和改善营商环境，以保障外资的合法权益，吸引更多外资参与经济建设。从中资企业的角度来看，一些企业逐步调整投资思路与策略。即将进入湄公河国家的中资企业趋于谨慎，更加注重在投资前对投资对象国进行前期调研分析，掌握当地的真实情况与一手资料，以保障投资资金的安全。已经在当地投资的企业更加注重在投资生产过程的透明，规范企业投资经营行为；同时，投资领域不再局限于某一领域，开始结合当地的实际情况，进行多元化投资，投资当地优势产业，分散资金的聚集效应，以降低投资风险。对于湄公河国家的一些具有较好发展前景的大型投资项目，中资企业吸取之前的教训，不再以独资进行投资，而是与其他国家的企业进行联合投资，这样既能投资当地项目，又能避免因为中国独资而招致反对，从而降低投资风险。从客观影响来看，当地民众或组织的不同声音，虽然会带来暂时的阵痛，但有助于规范中资企业与其他外国企业在生产经营过程中的行为，有助于营造良好的营商环境。因此，从投资对象国的长远发展来看，也是有益的。中资企业也开始调整在湄公河国家的投资策略，在水电、矿产、

① DICA：Data & Statistics，Foreign Investment by Country，*Foreign Direct Investment Yearly Approved Amount by Country*，September，2019，https：//www. dica. gov. mm/sites/dica. gov. mm/files/document – files/yearly_ country_ 3. pdf.

农林资源开发和基础设施建设方面都有所侧重，以进一步推动湄公河国家的经济社会发展。

（二）对“一带一路”建设的影响

当前，中国正在与周边国家共同推进“一带一路”建设，以构建周边命运共同体为目标，实现互利共赢。近年来，中国与湄公河国家互联互通取得了明显的成效，湄公河地区有望成为“一带一路”倡议在周边率先取得突破的先行示范区。然而，中国在投资湄公河国家过程中所面临的环境政治问题，不仅使中国与东盟互联互通建设受影响，而且也使经济走廊建设举步维艰。例如，作为中国－中南半岛经济走廊重要构成部分的中泰铁路项目，建成之后不仅将极大地促进泰国东北部与首都，以及东部工业区人流和物流的畅通，而且北部与老挝的中老铁路对接，也能进一步带动东盟内部互联互通战略的实施，对于推进泰国工业 4.0 战略，推进经济发展意义巨大。该项目是在“一带一路”倡议下中国与湄公河国家强化互联互通，实现互利共赢的重要项目。中泰双方签署《中泰铁路合作谅解备忘录》后，由于建设成本、运营核算、项目规划等诸多事项存有变数，加之泰国政局动荡，项目一再延期。后来泰国巴育政府出于多方考虑，将中泰铁路分为两期工程建设，一期工程从曼谷到呵叻，二期工程则从呵叻府延伸至与老挝首都万象一河之隔的廊开府。一期工程全长 253 公里，分四段施工，首段 3.5 公里最简单可行，已经由泰国直接承建。截至 2019 年 7 月，中国铁路设计集团有限公司完成了中泰铁路合作项目一期土建工程详细设计。

（三）对中国与湄公河国家关系的影响

围绕水资源开发产生的环境政治也对澜湄流域国家关系产生了一定的影响。湄公河国家的经济发展在很大程度上仍主要依赖于自然资源特别是水资源开发，而各国对水资源的开发侧重点也不尽相同，依然遵循“本国利益最大化”的原则，彼此间存在结构性矛盾，在水量分配与环境保护方面，上下游国家难免产生分歧和矛盾，常常影响到相关国家的关系。[①] 由于中国地处湄公河上游，在水资源开发上占据着主动地位，长期以来湄公河国家担心中国可能利用自身在湄公河流域中所处的有利位置，对流域的径流水量进行控制从而使湄公河国家生态环境遭到破坏并造成农业和渔业损失。2010年，中国西南地区遭遇百年不遇的大旱，湄公河下游国家也出现严重旱情，越南、老挝、柬埔寨、泰国等下游国家的部分社会舆论将此归咎为中国在湄公河上游地区修建大坝所致。虽然后来这一事态趋于缓和，但这种争端一遇大旱便浮出水面，在一定程度上对中国与下游国家特别是越南的政治互信与经济合作关系产生了消极影响。

上下游国家在湄公河水资源方面的争端使中国与次区域各国、次区域内部各国间的良性合作受到了阻碍，从而也对中国与次区域国家的关系产生了不利的影响，水资源问题和环境问题已成为中国与湄公河国家间发展友好关系时绕不开的核心问题。

三　新形势下应对湄公河地区环境政治问题的几点思考

2016 年 3 月 23 日，中国、缅甸、老挝、泰国、柬埔寨和越南六国领导人在海南三亚就澜沧江 - 湄公河合作举行首次会晤，发布了《澜沧江 - 湄公河合作首次领导人会议三亚宣言——打造面向和平与繁荣的澜湄国家命运共同体》，确定了澜湄六国在水资源为核心的基础上开展次区域合作，在构建澜湄国家命运共同体方面向前迈出了历史性的一步。从澜湄地区及周边的地缘政治环境来看，澜湄地区具备中国推动构建周边国家命运共同体的潜力和条件。澜湄国家命运共同体也是首个得到相关各国认可并已进入建设过程的命运共同体。在此背景下，中国应对次区域环境政治问题挑战的总体思路，就是要以水资源和环境合作为核心，建立健全澜湄整体合作机制，打造

① 黄河：《区域公共产品与区域合作：解决 GMS 国家环境问题的新视角》，《国际观察》2010 年第 2 期。

合作共赢、风险共担的澜湄国家环境利益共同体，积极助推澜湄国家命运共同体建设。

（一）构建澜湄全流域的环境合作治理机制

鉴于目前澜湄次区域与区域内的环境、水资源合作机制存在一定程度上的功能重叠和地缘政治竞争，以及缺乏权威性全流域机制整合的现实，中国作为次区域唯一的大国，应以沿岸六国共同主导的澜沧江－湄公河合作为依托，以“同饮一江水、命运紧相连”为根本动力，推进构建覆盖全流域、具有多主体、多层次、宽领域特征的环境和水资源合作治理和利益分享机制，切实加强澜湄国家在气候变化、环境问题、水资源管理、自然灾害等领域的合作，确保澜湄国家环境利益共同体建设的有效推进，以实现澜湄国家生态环境的可持续发展。

（二）在澜湄合作框架下创建“环境共护平台”

首先，应加强与湄公河国家开展环境影响评价合作，建立中国与GMS国家的战略环境影响的评价制度和指标体系，加强对环境影响的动态评估，并适时制定相关的环境政策和法规。其次，要加强与湄公河国家的法律协调。协调与投资、贸易有关的法律，例如制定统一的环境标准，推进环境、贸易和投资之间的协调发展，特别强调外资在环境政策步调中的一致性。再次，要进一步细化FTA协定中的环境条款，在协定框架下由各成员共同赋权的次区域环境合作委员会负责帮助各国协调环境政策，建立环境公共产品，其中包括环境保护的技术转让、资金募集。最后是在澜湄合作框架内形成一个统一的争端解决机制，设立争端解决条款，消除疑虑，增进互信。

（三）以多元治理为基础构建多层次环境和水资源利益分享机制

参与次区域环境政治的各种行为体，如各国政府、国际间合作组织、国际投资者以及非政府组织和社区民众都有各自不同的利益和关注点。中国在参与澜湄环境合作和水资源开发管理的过程中，应采取一种涵盖多个利益攸关方共同参与的多元“治理”模式，并以此为基础构建次区域环境与水资源开发的利益共享机制，推进澜湄环境利益共同体建设。同时，通过对澜湄流域水资源开发与环境保护进行全局性战略规划，努力将潜在的负面影响保持在可控范围，避免这一问题影响到中国与湄公河国家间的睦邻友好合作关系，增进政治互信。

（四）进一步健全有关境外投资企业的环境保护法律法规

目前，中国在湄公河国家的投资项目在环境影响评估（EIA）、社会影响评估（SIA）和健康影响评估（HIA）方面已有了很大进步，但还有一些不完善的地方需要改进。例如，中国在境外投资企业环境保护方面的相关政策与法规要进一步健全和细化。在法规制定方面，应对较多的环境保护法规进行统一梳理，制定一套专门针对境外投资企业环境保护的权威性法规，为评定企业环境行为提供可靠的标准。在法规执行方面，环境保护部门应得到法律的授权以参与境外投资的审查。加强在对外投资项目中的环境影响评价执行力度。此外，还要做到区别对待，对不同性质的投资项目、产业应执行不同的审批制度，尤其是对有可能造成环境污染的产业投资要严格管控，防患于未然。[①]

（五）合理调整中国对湄公河地区的投资结构和方向

中国对缅甸、老挝等次区域国家的投资结构不平衡，大多集中在水电、矿产、木材等资源性开发行业，发生环境冲突的风险较大。有鉴于此，中国企业在湄公河国家投资方向应结合国内产业结构调整适当转变，积极探索投资制造业、服务业等劳动密集型产业。要尽量向东道国政府所引导的行业倾斜，以规避投资风险。现阶段可以投资农业和农产品加工、

① 张守营：《中国在大湄公河次区域再投资将面临更严苛的环境要求》，《中国经济导报》2013 年 8 月 29 日，第 B05 版。

制造业、服务业、医疗卫生等惠及民生的项目。与此同时，要多方面采取措施，提高项目的本土化程度，增加对方企业和劳务人员在工程建设中的参与度，使其从中获益并带动当地经济发展。同时，中方还应适当加大对湄公河国家环境和民生领域的投资和援助力度，注重提升项目的社会效益。

区　域　篇

Countries and the LMC

B.6
2018年中国对澜沧江－湄公河合作的参与*

陈松涛**

摘　要： 2018年是澜湄合作的关键年，在澜湄国家的共同推动下取得了多方面的进展，合作机制不断走深走实。2018年1月召开的第二次澜湄领导人会议为今后的合作指明了方向，重点是打造澜湄流域经济发展带，针对基础设施互联互通、价值链融入和应对第四次工业革命等领域的主要挑战，积极推进项目落地、创新平台建设、加大资金投入、做好金融和智力支撑等。云南作为澜湄合作的重要参与省份，充分利用区位和地缘优势，积极发挥在通关便利性、金融等相关领域的促进作用。

---

* 本文系2018年“云南大学边疆治理与地缘政治学科（群）特区高端科研成果培育项目”（一般项目Y2018－24）的阶段性成果。

** 陈松涛，云南大学国际关系研究院讲师，博士研究生。

关键词： 中国　澜湄合作　云南

一　2018年中国参与澜湄合作的进展

（一）合作机制

1. 澜湄合作机制

自2016年3月澜湄合作启动至2018年底，“领导人引领、全方位覆盖、各部门参与”的澜湄合作机制全面成型，展现了“天天有进展，月月有成果，年年上台阶”的合作成效[①]，树立了大小国家对话合作、应对共同挑战的典范。澜湄合作机制启动以来已发展成为澜湄次区域最具活力、最富潜力的合作机制之一，从五个优先领域拓展到教育、媒体、医疗卫生、青年交流等领域，形成官产学多点发力、合作全面开花的良好局面，实施了“澜湄光明行”“澜湄青年领袖文化体验营”等一大批民生项目，在诸多领域为次区域民众带来了实惠。[②]

2018年1月10日，澜湄合作第二次领导人会议以“我们的和平与可持续发展之河”为主题，发表了《澜湄合作五年行动计划（2018～2022）》和《澜湄合作第二次领导人会议金边宣言》，散发了《澜湄合作第二次领导人会议合作项目清单》和“澜湄合作六个优先领域联合工作组报告”，将“3＋5合作框架”升级为“3＋5＋X合作框架”，重点集中于水资源、产能、农业、人力资源、医疗卫生等领域。未来澜湄合作将在“3＋5＋X”合作框架基础

---

① 《澜沧江－湄公河合作第二次领导人会议在柬埔寨金边举行，六国领导人共同规划澜湄合作未来发展蓝图》，中华人民共和国农业农村部，2018年1月15日，http：//www.moa.gov.cn/xw/bmdt/201801/t20180115_6134925.htm。

② 章建华、李钢：《王毅谈澜湄合作实现多个“第一”》，新华网，2018年12月17日，http：//www.xinhuanet.com/world/2018－12/17/c_1123865806.htm。

上，着重打造澜湄流域经济发展带。[①] 为落实第二次领导人会议共识、以更高水平服务澜湄合作发展要求，2018 年 6 月澜湄合作中国秘书处主办了为期 12 天的澜湄合作六国秘书处培训，为六国秘书处和相关部门、地方的学员进行能力和素质方面的培训，并成立了“北京外国语大学澜湄合作研究中心”。[②]

2018 年 3 月 20 日，首届全球湄公河研究中心智库论坛以“进入成长期的澜湄合作”为主题，总结了澜湄合作取得的成果、成功经验，讨论了澜湄合作的机遇与挑战、机制建设、优先领域及与其他机制的关系等内容。全球湄公河研究中心是在澜湄合作第二次外长会上中国提出的 13 项倡议之一，是澜湄合作智库的一个重要交流平台，2017 年 9 月在柬埔寨金边成立，澜湄六国设立了中心并已开始运作。[③]

2018 年 6 月 13 日，澜湄国家互联互通联合工作组第三次司局级会议商讨了澜湄国家互联互通早期收获项目清单、互联互通合作规划纲要及规划编制工作计划、构建重点项目的金融支持框架等内容并达成了多项共识。2018 年 6 月 19 日，澜湄合作跨境经济合作联合工作组第二次会议提出了落实《澜湄国家关于加强跨境经济合作部长级联合声明》的有关方案和步骤，讨论了澜湄国家在电子商务、经济技术、园区建设与运营等方面的内容，就《澜湄区域合作智能贸易网络倡议》达成共识。

2018 年 11 月 23 ~ 27 日，2018 澜湄合作博览会暨澜湄合作滇池论坛以“推动互联互通与跨境经济合作”为主题，探讨了共同拓展合作的领域和途径、深化经贸合作的措施，共举办 1 个主题论坛和 3 个专题会议（中老

---

① 《澜沧江 - 湄公河合作》 （2019 年 4 月更新），中华人民共和国外交部，https：//www. fmprc. gov. cn/web/wjb _ 673085/zzjg _ 673183/yzs _ 673193/dqzz _ 673197/lcjmghhz _ 692228/gk_ 692230/。

② 《澜湄合作六国秘书处培训开班仪式在京举行》，新浪网，2018 年 6 月 28 日，http：//k. sina. com. cn/article_ 1645705403_ 621778bb020008fcj. html。

③ 《首届全球湄公河研究中心智库论坛在京召开》，中国国际问题研究院，2018 年 3 月 22 日，http：//www. ciis. org. cn/chinese/2018 - 03/22/content_ 40262505. htm。

投资洽谈会、国际创新产业分论坛及澜湄合作·文化旅游产业发展论坛)。[①] 其中,“澜湄合作·云南文化旅游产业发展论坛”以“央企先行·开启华侨城文化旅游发展新时代”为主题,各国将通过文化旅游产业的交流与合作促进民心相通,共享文化旅游产业发展的新机遇、新业态和新产品,老挝政府优先响应,将2018年定义为“老挝旅游年”并出台了一系列促进措施。在开展宣传论坛期间,云南世博旅游集团与老挝签订了《合作备忘录》。[②]

2018年12月16~17日,澜湄合作第四次外长会议开始讨论共同构建澜湄流域经济发展带的具体方案,探讨如何开展高质量产能合作,推动教育、海关、卫生、青年等领域的更深入合作并促进澜湄地方合作的路径。会议通过了《澜湄合作第四次外长会联合新闻公报》,散发了《〈澜湄合作五年行动计划〉2018年度进展报告》、“2018年度澜湄合作专项基金支持项目清单”和六国智库共同撰写的《澜湄流域经济发展带研究报告》,发布了澜湄合作会歌《澜湄友谊河》。

2018年12月12日,2018年澜沧江·湄公河流域国家文化艺术节在西双版纳开幕。艺术节秉持“亲诚惠容、合作共赢”的主旨,举办了首届澜沧江文学论坛、第二届澜湄流域国家文化遗产保护与推广研讨会等活动。2018澜湄综合执法安全合作论坛同期召开,围绕进一步完善澜湄流域联巡机制、情报信息网络建设、打击流域跨国犯罪、促进流域国家执法官员的培训交流等4个议题进行了讨论。[③]

2. GMS合作机制

2018年3月31日,GMS第六次领导人会议以“立足25周年合作,建设可持续、融合、繁荣的大湄公河次区域”为主题,总结了GMS成立25年

① 张蕊:《2018澜湄合作博览会暨澜湄合作滇池论坛在昆明拉开帷幕》,云南网,2018年11月23日,http://yn.yunnan.cn/system/2018/11/23/030124365.shtml。

② 王欢:《云南文化旅游论坛 推动澜湄合作》,《云南日报》2018年11月25日,第2版,http://yndaily.yunnan.cn/html/2018-11/25/content_1253270.htm?div=-1。

③ 尹瑞峰:《澜湄综合执法安全合作论坛在昆举办》,《云南日报》2018年12月15日,第2版,http://yndaily.yunnan.cn/html/2018-12/15/content_1256639.htm?div=-1。

以来的成就和经验并探讨了今后的合作方向。会上通过了《领导人宣言》、《2018～2022河内行动计划》和《2022区域投资框架》，其中《投资框架》规定了未来五年的优先项目清单，包含227个投资和技术援助项目，总金额约660亿美元。①

2018年5月29～30日，GMS农业合作工作组第15次会议决定围绕GMS第六次领导人通过的《2022区域投资框架》农业优先项目和2017年9月GMS农业部长第二次会议通过的《GMS安全与环境友好型农业价值链促进战略（2018～2022年）及暹粒行动计划》开展下一步合作；六国代表分别介绍了2017～2018年度GMS农业合作主要工作及2018～2019年度工作计划。

2018年6月12日，GMS经济走廊省长论坛，澜湄六国的部分省份通过推介项目来寻求投资合作的渠道。

2018年11月，为期8天的第六届中国与大湄公河次区域国家媒体定期互访活动在柬埔寨和泰国开展，全方位、多角度讲述了泰柬两国参与“一带一路”建设的故事，宣传了中资企业“走出去”的成功经验。

（二）贸易与投资合作

2018年，中国与湄公河五国的双边贸易总体保持增长。其中，中越双边贸易额达到1478.6亿美元，同比增长21.2%，中国成为越南所有200多个贸易伙伴中首个双边贸易额突破1000亿美元的贸易伙伴。越南从中国进口额为839亿美元，同比增长12.7%；向中国出口额为639.68亿美元，同比增长27%。中柬双边贸易额同比增长27.6%，中老双边贸易额增长14.9%，中缅双边贸易额增长13.1%，中泰双边贸易额增长9.2%（见表1）。

① 王迪、陶军：《大湄公河次区域经济合作领导人会议通过多项成果文件》，《人民日报》2018年4月2日，第3版。

表1　2018年中国与湄公河五国的双边贸易统计

单位：亿美元，%

国家	进出口		出口		进口		差额	
	金额	同比	金额	同比	金额	同比	2018年	2017年同期
越南	1478.6	21.2	639.68	27	839	12.7	199.32	206.6
泰国	875.2	9.2	428.9	11.3	446.3	7.3	－17.4	－28.7
缅甸	152.4	13.1	105.5	17.9	46.9	3.6	58.6	44.8
柬埔寨	73.9	27.6	60.1	25.7	13.8	36.7	46.3	37.8
老挝	34.7	14.9	14.5	2.5	20.2	25.8	－5.7	－1.6

资料来源：中国商务部亚洲司。

在非金融类直接投资方面，2018年除了对缅甸外，中国对其余湄公河四国的投资保持增长，其中，中国对越南投资金额达12.3亿美元，同比增长60%；对老挝的投资金额为9.9亿美元（2018年前8个月），增长30.3%。在新签工程承包合同方面，中越新签合同金额为66.7亿美元，增长9.3%；中缅新签合同金额为27.7亿美元，增长39.1%（见表2）。

表2　2018年中国对湄公河五国的投资及工程承包

单位：亿美元，%

国家	投资		工程承包	
	新增非金融类直接投资金额	同比	新签工程承包合同金额	同比
越南	12.3	60	66.7	9.3
泰国	6.4	26.9	28.6	－23.2
缅甸	2.7	－38.7	27.7	39.1
柬埔寨	6.4	17.6	28.8	12.7
老挝	9.9(2018年前8个月)	30.3	6.9(2018年前8个月)	－18.5

资料来源：中国商务部亚洲司。

2018年1月，中国宣布设立澜湄合作专项基金，在以“项目为本”的理念下，未来5年将提供3亿美元支持澜湄国家提出的中小型合作项目，中方首先批准了老挝申报的 13 个基金项目。[①] 2018 年 1 月，中缅双方签署澜湄合作专项基金缅方项目协议，缅方首批 10 个项目正式落地，包括湄公河缅甸万崩港扩建可行性研究、水稻良种培育及优化种植、咖啡产量和质量提升、农村发展和蔬菜栽培技术转移、推广家庭园艺技术促进减贫、青年文化交流以及遗产保护等。[②] 2018 年 2 月，中老双方签署澜湄合作专项基金“2018 年老方项目合作”协议，批准了老方 7 个部委申报的 21 个项目，是澜湄合作框架下中老两国合作的又一重要成果。2018 年 4 月 18 日，中泰双方签署澜湄合作专项基金泰方首批项目合作协议，根据协议内容，中方将资助泰方开展包括跨境经济特区联合发展、贸易和物流边境设施升级改造、澜湄商务论坛、次区域农村电子商务发展等 4 个项目。[③]

中泰高铁项目第一期工程于 2017 年 12 月 21 日在泰国呵叻府巴冲县刚东镇动工。2018 年 1 月，首届中国云南－老挝北部合作成果展示暨中老经济走廊企业形象展示会在老挝磨丁经济特区举行，磨丁经济特区与中国 11 家企业签署了战略合作框架协议。[④] 2018 年 11 月 8 日，中信联合体和缅甸皎漂经济特区管委会签署缅甸皎漂经济特区深水港合作框架协议。

（三）水资源合作

2018 年 2 月 2 日，中国政府援助的老挝国家水资源信息数据中心正式启动，中老签署了《老挝国家水资源信息数据中心示范建设项目设备移交书》《老挝国家水资源信息数据中心二期建设项目合作意向书》等文件。中方建议加强澜湄合作机制下的双边水利合作、继续加强两国水利部门高层互访和政策对话并推进落实双边已有的水利合作项目。此外，中国还帮助老挝

---

① 《中国和老挝签署澜湄合作专项基金老挝方项目协议》，中华人民共和国国家发展和改革委员会，http://dqs.ndrc.gov.cn/qyhz/gjqyhz/201803/t20180326_880285.html。

② 《中缅签署澜湄合作专项基金项目合作协议》，中华人民共和国驻缅甸联邦共和国大使馆，2018 年 1 月 6 日，https://www.fmprc.gov.cn/ce/cemm/chn/gdxw/t1523992.htm。

③ 《中泰签署澜湄合作基金首批项目》，《人民日报》2018 年 4 月 19 日，第 21 版。

④ 《中国云南－老挝北部合作成果展在磨丁举行》，新华网，2018 年 11 月 23 日，http://yn.xinhuanet.com/hot/2018-11/23/c_137626579.htm。

建设51个水文观测站、进行典型河流流域综合规划和人力资源培训等。[①]

2018年7月31日至8月1日，澜湄水资源合作联合工作组特别会议总结了2018年以来澜湄水资源合作进展情况，逐条磋商了《澜湄水资源合作五年行动计划（2018～2022）》草案，签署了会议纪要，同意以水资源的可持续利用促进流域国家的社会经济可持续发展。

2018年10月11日，中泰两国签署了澜湄合作专项基金水资源项目合作协议，中国将在应对气候变化、水电开发项目合作等方面为泰国提供帮助。

2018年，澜湄合作专项基金项目设立了水生生物资源增殖放流项目资金100万元人民币，主要用于与有关国家开展联合增殖放流活动。2018年7月，中柬两国农业部门联合主办了柬埔寨第16届国家放鱼日活动，此次共放流了100多万尾（只）珍稀土著鱼类、龟类、蛙类及虾类等苗种及700公斤亲本，[②] 中国进一步树立了负责任生态大国的形象。

2015年以来，中老两国渔业部门深入推进执法合作、加强保护水生生物资源。2018年10月26日，两国在云南西双版纳傣州举办了第4次“中国·老挝澜沧江－湄公河渔政联合执法行动暨增殖放流活动”，放流了7万尾本地鱼种。[③]

2018年11月1日，首届澜湄水资源合作论坛以“水伙伴合作，促永续发展”为主题，探讨了水资源可持续开发利用与保护、洪旱灾害管理、水－能源－粮食纽带关系等议题，通过了《首届澜湄水资源合作论坛昆明倡议》。中国代表提出应加大力度落实2018年澜湄领导人会议达成的共识、推进澜湄合作顶层设计及区域机制协作等。[④]

---

① 《中国政府援助老挝国家水资源信息数据中心正式投入运行》，中华人民共和国水利部，2018年2月5日，http：//gjkj. mwr. gov. cn/jdxw/201802/t20180205_ 1027897. html。

② 《淡水中心派员参加柬埔寨第16届国家放鱼日活动》，中国水产科学研究院淡水渔业研究中心，2018年7月4日，http：//www. ffrc. cn/info/1066/7516. htm。

③ 《中国老挝联合开展2018澜沧江－湄公河渔政联合执法行动暨增殖放流活动》，中华人民共和国农业农村部，http：//www. moa. gov. cn/xw/zwdt/201810/t20181026_ 6161597. htm。

④ 伍平、张蕊：《首届澜湄水资源合作论坛在昆明开幕》，云南网，http：//yn. yunnan. cn/system/2018/11/02/030107803. shtml。

（四）产能与产业合作

随着澜湄合作机制进入成长期，产能合作成为务实推进合作的重要方式和重要内容。2018年，首批澜湄合作专项基金项目实施了132个，约30个基础设施（铁路、公路、水电站和经济开发区建设等）和工业化项目动工建设，① 澜湄产能合作从概念变为现实。2018年8月底，为期9天的澜沧江－湄公河合作互联互通与产能合作研讨会探讨了如何推动澜湄合作走深走实。9月13日，澜湄国家产能与投资合作论坛以“深化产能合作，促进共同发展”为主题，参会代表肯定了产能合作在推动区域经济发展方面发挥的积极作用，介绍了各自国家的经济发展情况和产业发展需求，并对下一步合作提出了意见和建议。为推动澜湄国家产能与投资合作，2018年12月3～4日举办了澜湄国家产能与投资促进活动，主要包括澜湄国家产能合作与金融服务专题研讨会、重点项目招商推介会等环节。中国和老挝两国国际产能合作的一个重要平台——万象赛色塔综合开发区完成首期4亿美元的投资，至2018年9月已有来自中国、老挝、泰国、新加坡和马来西亚等多个国家的企业入驻。②

新能源合作。老挝边远农村的生产生活用电需求大，太阳能照明系统、太阳能光伏发电技术等有着巨大的市场潜力。2018年8月24日，中国和老挝科技部签署合作共建两国太阳能科技创新与合作中心协议，该中心设在万象，一期建设项目主要包括搭建政府间创新合作平台、推广应用产品和技术、进行产品研发和人才培养等。③

旅游业合作。2015～2017年，中国一直是柬埔寨旅游业的最大客源国。

---

① 《澜湄合作从培育期加速迈入成长期》，东方资讯网，2019年3月23日，http：//mini.eastday.com/a/190323135746838.html。

② 《云南建投集团全力推进与“一带一路”沿线国家的互联互通和国际产能合作　老挝万象赛色塔综合开发区的进驻企业达到48家》，中华人民共和国商务部，http：//www.mofcom.gov.cn/article/resume/n/201809/20180902789006.shtml。

③ 《共建中老科技创新合作新平台：中国－老挝太阳能创新与合作中心落户老挝》，云南省科学技术情报研究院，2018年8月27日，http：//www.istiy.yn.cn/dwhzyjl/1755.jhtml。

2018 年前三季度柬埔寨接待中国游客超过 144 万人次。[①] 2018 年 6 月 27 日，湄公河旅游论坛以“改变旅行、改变生活”为主题，举办了各专题会议、湄公河旅游创新创业大会及首届湄公河迷你电影节。澜湄六国同属发展中国家，均面临经济发展与环境保护的共同挑战，为推进澜湄环境治理，2018 年 10 月 17～18 日举办了“澜沧江－湄公河环境合作圆桌对话：区域可持续基础设施与绿色投融资”会议，讨论了澜湄交通基础设施与生态廊道建设、可持续能源与区域绿色发展等议题。中国代表建议依托澜湄环境合作中心做好环境合作方面的顶层设计，实施“绿色澜湄计划”并建立健全多方参与的澜湄环境合作网络。[②]

农业合作。农业是澜湄合作的一个重点领域。2018 年 4 月 11 日，主题为“合作、创新、共赢，共同推进乡村振兴”的澜湄合作村长论坛在云南省芒市举行。参会代表认为，为促进六国农业的融合发展，应进一步完善农业合作机制及对外合作信息服务，开展针对澜湄国家村长的农业技术培训，推进各国农村基层交流与合作、分享发展经验。会上发布了《澜沧江－湄公河村社合作芒市倡议》，积极倡导推动各方村寨、合作社和企业之间的交流合作，推行绿色生产方式等。云南代表提出云南正在着力打造世界一流的“绿色食品”品牌，希望拓展、深化与湄公河国家在农业领域的合作。[③]

（五）社会与人文合作

2018 年 7 月，澜沧江－湄公河合作媒体峰会在万象举办，以“民心相通、命运与共”为主题，会聚了澜湄六国的 40 家媒体代表，围绕“澜湄的

① 《云南与柬埔寨增进旅游合作　共建澜湄旅游城市合作联盟》，中国网，http：//union. china. com. cn/txt/2018－12/13/content_ 40612589. html。

② 《澜沧江－湄公河环境合作圆桌对话：区域可持续基础设施与绿色投融资在北京召开》，中国－东盟环境保护合作中心，2018 年 10 月 19 日，http：//www. chinaaseanenv. org/zhxx/zxyw/201810/t20181019_ 663255. shtml。

③ 《拓展农业合作　推进乡村振兴》，凤凰网，2018 年 5 月 4 日，http：//news. ifeng. com/c/7fZjMLQnMLY。

诗意与远方”“媒体的坚守与创新”两个议题进行了讨论，认为各国媒体应聚焦和平发展主题，在澜湄合作机制下积极发挥传播者和推动者的角色。峰会期间，中国和老挝两国媒体为联合制作的《新视点》电视栏目举行了开播仪式，为“2018 澜湄合作媒体峰会联合采访行”举行了授旗仪式。[①]

2018 年 9 月，澜沧江 - 湄公河青年领袖文化体验营在昆明举办了为期 10 天的活动，六国青年代表体验了云南的特色民族文化、深入了解了云南省情及脱贫状况。

2018 年 12 月 18 日，中国人民大学与泰国国家研究院共建的泰中“一带一路”合作研究中心在曼谷揭牌，是泰国进行“一带一路”研究和推动泰中高端智库合作的主要机构，通过设立研究基金、推动人员交流和研究项目合作等活动促进两国智库的交流沟通及区域合作和具体项目的落地。

二 2018年云南对澜沧江 - 湄公河合作的参与

（一）双边合作机制

中国云南 - 缅甸合作论坛已成为滇缅增进经贸、人文、边境安全等各领域合作的一个良好平台。2018 年 4 月 3 日召开的第五届合作论坛重点讨论了如何推进中缅经济走廊和中缅边境经济合作区建设，在拓展贸易投资、农业、交通基础设施、旅游、教育、文化、卫生、边境管理及安全等领域达成了多项共识，签署了《第五届滇缅合作论坛纪要》；同意积极推动签署《中缅汽车运输协定》。[②]

2018 年 11 月 20 ~ 22 日，中国云南 - 老挝北部合作工作组第九次会议

---

① 《2018 澜湄合作媒体峰会举行》，人民网，2018 年 7 月 3 日，http：//media. people. com. cn/n1/2018/0703/c14677 - 30106045. html。

② 韩成圆、刘子语：《第五届中国云南 - 缅甸合作论坛在昆举行推动滇缅合作迈向新阶段》，云南网，2018 年 4 月 3 日，http：//yn. yunnan. cn/html/2018 - 04/03/content_ 5150192. htm。

围绕“一带一路”倡议与老挝“陆联国”的战略对接，深入讨论了加强“五通”、共同推进中老经济走廊建设及9个领域的务实合作；签署了《第九次会议纪要》、6项合作协议及备忘录。此次会议是贯彻两国领导人就推动中老全面战略合作伙伴关系、打造中老命运共同体、促进双方务实合作优化升级的一个重要举措。①

2018年12月12日，中国云南省与越南莱州、奠边、老街、河江省联合工作组第七次会议探讨了下一步的合作内容，签署了会议备忘录、2019～2023年阶段越南老街省人民委员会与云南省红河州政府的合作协议、关于加快河江省上蓬－云南省田蓬双边口岸开通进度的协议等。②

（二）贸易与投资合作

根据云南省商务厅的数据，2018年前7个月，云南与湄公河国家的双边贸易额分别是：滇缅贸易17.57亿美元、滇越贸易11.98亿美元、滇泰贸易5.38亿美元、滇老贸易4.2亿美元、滇柬贸易0.29亿美元。2018年云南与缅甸的贸易总额达65.9亿美元，占中国与缅甸双边贸易总额的43.2%。③中越河口边交会已成为云南省红河州内联西南外联东盟重要的物流平台。2018年12月，第十八届中越（河口）边境经济贸易交易会以“亲诚惠容·合作发展”为主题，中外参展嘉宾共696名，成交总额6.95亿美元（约47.78亿元人民币），其中，现货销售达1220万美元（约8388万元人民币），红河综合保税区、蒙自经济技术开发区、河口跨境经济合作区的

① 伍平：《中国云南——老挝北部合作工作组第9次会议在磨丁举行》，云南网，2018年11月22日，http://yn.yunnan.cn/system/2018/11/22/030124142.shtml。

②《越南边境四省与中国云南省加强友好合作关系》，越南共产党电子报，2018年12月13日，http://cn.dangcongsan.vn/news/%E8%B6%8A%E5%8D%97%E8%BE%B9%E5%A2%83%E5%9B%9B%E7%9C%81%E4%B8%8E%E4%B8%AD%E5%9B%BD%E4%BA%91%E5%8D%97%E7%9C%81%E5%8A%A0%E5%BC%BA%E5%8F%8B%E5%A5%BD%E5%90%88%E4%BD%9C%E5%85%B3%E7%B3%BB-507914.html。

③《2018年中国云南与缅甸贸易总额达65.9亿美元》，中国商务部驻昆明特派员办事处，2019年2月22日，http://kmtb.mofcom.gov.cn/article/jingmaofagui/201902/20190202838902.shtml。

电子新技术、新产品参展成为最大亮点。在此次边境经济贸易交易会期间，中越共签订 18 项贸易协议，签约金额 6.83 亿美元，同比增长 20.6%。[①]

2018 年，云南省对外直接投资达 11.83 亿美元，在全国排名第 16 位、西部第 2 位（仅次于四川省），新增境外投资企业 60 家。湄公河五国仍是云南的对外重点投资地，2018 年实际投资 10.47 亿美元，占全省总投资的 88.5%。其中，对老挝实际投资 3.75 亿美元（占全省总投资的 31.7%），对缅甸实际投资 1.5 亿美元（占比 12.7%），对柬埔寨实际投资 0.8 亿美元（占比 6.8%）。2016 年至 2018 年 12 月，云南对外投资新设国际产能合作企业 34 家，实际投资 22.55 亿美元，投资国以东南亚国家和非洲国家为主，新设国际产能合作企业在湄公河国家的分布情况：缅甸 8 家、老挝 6 家、泰国 2 家、柬埔寨 2 家。[②] 截至 2018 年底，云南省已在缅甸设立投资企业 128 家，协议投资 103 亿美元，实际投资 19.8 亿美元。[③]

2018 年 6 月 13 日，在第十六届东盟华商会举办期间，昆明经济技术开发区与泰国清迈商会签订战略合作协议，双方将致力于推进国际产能、跨境电商、国际物流及境外园区合作载体的项目建设，探索搭建中泰企业“引进来，走出去”的服务平台。云南近期推进的 10 个境外经贸合作区主要集中在湄公河国家，如老挝万象赛色塔综合开发区已通过认定考核，至 2018 年 11 月已有 49 家企业入驻；144 家企业入驻老挝磨丁经济专区。中柬文化创意园是推动云南文化产业“走出去”的创新项目，目标是建设成为柬埔寨最大的文化主题园区。[④]

---

① 《中越（河口）边交会圆满落幕　实现交易成交总额近 50 亿元》，中国网，2018 年 12 月 10 日，http://union.china.com.cn/txt/2018-12/10/content_40608285.html。

② 《2018 年 1~12 月云南省对外投资简报》，云南省商务厅，2019 年 2 月 28 日，http://www.bofcom.gov.cn/tjsj/dwtz/201902/t20190228_843145.html。

③ 缪超：《2018 年云南与缅甸贸易总额达 65.9 亿美元》，中新网，2019 年 2 月 22 日，http://www.chinanews.com/cj/2019/02-22/8761681.shtml。

④ 王研：《云南推进 10 个境外经贸合作区》，中新网，2018 年 11 月 28 日，http://www.yn.chinanews.com/news/2018/1128/46121.html。

（三）基础设施联通

2017 年 12 月 18 日，越南海防至中国云南开远的双向货运专列开通。2018 年 4 月，云南省与越南老街、莱州、河江、海防、宣光 5 省举行了滇越国际道路运输会谈，确定了 2018 年各口岸行车许可证交换数量，接纳越南广宁省作为双边国际道路运输会谈机制的新成员，讨论了新增运输路线、联合实施《大湄公河次区域便利货物及人员跨境运输协定》等内容。① 2018 年 7 月 20 日，云南旅游汽车有限公司开通了云南个旧至越南老街沙巴之间的不定期国际旅客运输线路。

（四）产业合作

旅游业合作。2018 年 1 月 15 日，滇柬旅游合作双边会谈签署了谅解合作备忘录，云南旅游职业学院将承担开展柬埔寨旅游部组织的旅游业相关培训和学习交流活动，包括中文培训及业务能力培训等。2018 年 12 月 18 日，云南省旅游投资有限公司与泰国清盛市政府、泰国新清盛公司签订清盛港合作协议，结合泰国“四国五景旅游合作构想”② 共同开发湄公河流域的旅游业，以清盛港为起点，通过加强基础设施的联通来打破地域限制，开发沿湄公河的旅游业务，初期设定了每年接待游客 10 万人次的目标。

农业合作。2018 年 8 月 22 日，老挝科学技术部与云南省农业科学院举行科技合作会议，达成了在老挝共建技术研发与成果辐射推广中心、新品种及新技术的推广应用等合作意向；云南农业大学与老挝科学技术部合作成立的云南省鸡猪应用技术转化与示范国际联合研究中心、云南－老挝特色畜产品加工技术国际联合研究中心揭牌。

电力合作。2018 年 3 月 17 日，滇缅企业共同建设的达吉达电厂竣工。

---

① 《云南与越南 5 省深化国际道路运输合作》，中国交通新闻网，2018 年 4 月 18 日，http：//www. zgjtb. com/2018－04/18/content_ 143961. htm。

② “四国五景旅游合作构想”是以泰国清迈、清莱，中国景洪，老挝琅勃拉邦，缅甸景东的同源文化为基础进行旅游开发。

2018年12月17日，柬埔寨最大水电工程、被誉为该国“三峡工程”的桑河二级水电站竣工投产，该电站大坝是亚洲第一长坝（全长6500米），电站主要机电设备由中国进口，总装机容量40万千瓦，约占柬埔寨总装机容量的20%，年发电量可达19.7亿千瓦时。桑河二级水电站是中国华能集团积极推动“中国技术+中国设备+中国标准+中国管理”模式“走出去”的典型，实施“本土化”管理，大量聘用当地工人，进一步提升了“中国制造”在柬埔寨及澜湄国家的影响力。① 自2004年9月至2018年7月，云南电网与缅甸、越南、老挝等周边国家实现电网互联互通，累计送电362亿千瓦时。2018年上半年，云南电网累计向越南、老挝送电13.51亿千瓦时，同比增长13.54%，“云电外送”通道已成中国连接澜湄次区域的一条重要的经济通道、云南出口贸易中的第三大类商品。②

（五）跨境人民币结算业务

至2018年底，与云南省发生人民币结算的国家（地区）达63个，2018年全省跨境人民币结算570.61亿元，同比增长10.37%。其中，经常项目跨境人民币结算444.91亿元，同比增长11.95%，主要是同周边国家的货物贸易结算，与缅甸、越南和老挝结算量合计349.71亿元，同比增长12.02%。③ 2018年6月14日，云南省农村信用社与越南工商投资股份银行签订了《跨境贸易结算合作框架协议》，河口农商行与越南工商股份银行老街省分行签署了《边贸网银结算合作协议》等操作协议，进一步丰富了中越双方的结算渠道。云南省金融机构主动作为有效扩大人民币在老挝跨境使用，2018年前9个月，对老挝直接投资结算4.6亿元人民币，同比增长约

① 胡梅君：《中柬合作的柬埔寨最大水电工程华能桑河二级水电站竣工》，云南网，2018年12月17日，http：//society. yunnan. cn/system/2018/12/17/030140307. shtml。

② 《“云电外送”通道已成我国连接大湄公河次区域 电力成云南出口贸易中第三大类出口商品》，中华人民共和国商务部，2018年9月20日，http：//www. mofcom. gov. cn/article/resume/n/201809/20180902789002. shtml。

③ 杨抒燕：《2018年同比增10.37% 云南省跨境人民币结算稳定增长》，云南网，2019年1月31日，http：//yn. yunnan. cn/system/2019/01/31/030193453. shtml。

34倍，主要集中在老中铁路建设、老中联合高速公路等基础设施建设项目。①

（六）教育、民生、卫生合作

2017年，在云南高校就读的缅甸学生达3500人。云南省共有82所对缅开放的学校，很多缅籍学生跨境到德宏、临沧、普洱等州市的中小学校就读，至2018年4月在云南就读的缅籍学生人数达5580人。云南与缅甸共建了2所孔子课堂，云南大学与云南师范大学在缅甸开展职业技能教育培训，云南农业大学、云天化集团与缅甸耶津农业大学开展研究合作。② 云南希望积极发挥作为中缅文化交流平台的作用，继续扩大、提升与缅甸在跨境节庆活动、艺术节的举办规模和层次，并于2017年成立了参与建设运营的仰光中国文化中心。2018年4月26日，中国昆明南亚东南亚国际物流研究院（SSILR）与柬埔寨合作与和平研究院（CICP）主办了“澜湄合作·滇柬智库合作对话会暨工作会谈”，以加强中国云南与柬埔寨智库合作为主题，讨论了地区安全、澜湄合作智库联合研究、云南与柬埔寨互联互通建设、柬埔寨港口物流项目投资及医药健康项目投资等议题，积极推动建立双边智库常态化合作机制。③

2018年3月，云南省国际扶贫与发展中心承担实施的中国援缅甸减贫示范合作技术援助项目正式启动，是澜湄减贫合作的一个重要项目，主要通过乡村基础设施、公共服务、生计改善、能力提升、监测管埋等建设，重点解决用水、用电、交通等方面的民生问题。

2018年8月，云南省与越南老街省举办开展红十字会工作的会谈，搭建起双边红十字会交流合作平台与双方定期互访机制。2018年8月21～24

① 《2018年人民币在老挝跨境使用有效扩大》，国家外汇管理局云南省分局，2019年2月19日，http：//www. dns. safe. gov. cn/yunnan/2019/0219/581. html。

② 《【澜湄合作　一江情·一家亲】滇缅共谋发展之路》，云南网，2018年4月6日，http：//yn. yunnan. cn/html/2018－04/06/content_ 5152869. htm。

③ 沈燕：《滇柬智库在昆“对话”：云南与柬埔寨如何建立常态化合作机制》，云南网，2018年4月26日，http：//yn. yunnan. cn/html/2018－04/26/content_ 5179985. htm。

日，云南民间国际友好交流基金会开展了2018中国云南老挝万象“光明行”活动，免费治疗了100名老挝白内障患者。2016～2018年，云南省医疗队在老挝成功完成了375例白内障复明手术，受到当地群众的好评。①2018年11月，中越举办了澜湄跨境艾滋病联防联控项目学术研讨会，中国云南省与越南老街、河江两省签署了开展跨境艾滋病联防联控合作的《会谈纪要》。

三　总结与展望

在中国的强有力推动之下，澜湄合作机制自2016年以来取得了显著成效。2018年是澜湄合作的关键一年，取得了多方面的进展，实现了多个“第一”，如举办了第一个“澜湄周”，举行了第一次六国秘书处和协调机构的培训，第一批澜湄合作专项基金支持项目顺利实施，第一届澜湄水资源合作论坛、产能合作论坛和全球湄公河研究中心智库论坛成功召开。② 在合作机制方面不断深入和加强协调，与澜湄国家的双边贸易及投资合作保持增长，产能合作进入务实深化和提质增效的阶段，人文交流与智力支持方面持续推进。

云南作为澜湄次区域合作的一个重要参与省份，2018年在澜湄合作机制和GMS合作机制下与湄公河五国在贸易与投资、产业合作、交通联通、教育卫生等方面的合作都取得了新的进展。

澜湄次区域蕴含着巨大的生机和活力，如果将整个中国包含在内，这是一个拥有约16亿人口的广阔市场，来自湄公河五国的商品经中国云南和广西可进入中国各地，市场规模广阔、经贸潜能巨大。湄公河五国的总人口达

---

① 《2018云南省老挝万象“光明行”活动启动》，缅华网，2018年8月22日，https：//www.mhwmm.com/Ch/NewsView.asp？ID＝33184。

② 章建华、李钢：《王毅谈澜湄合作实现多个“第一”》，新华网，2018年12月17日，http：//www.xinhuanet.com/world/2018－12/17/c_1123865806.htm。

2.4 亿人，人均 GDP 达 3000 美元,[①] 与中国的互补性强并存在刚性的经济需求，一方面，湄公河国家正在推进工业化进程，在产业结构升级、农业现代化等方面与中国存在广泛的合作需求；另一方面，中国可以发挥在基础设施建设、减贫开发等方面的资金、技术和经验优势，带动湄公河国家的发展。

2018 年第二次澜湄领导人会议通过的《金边宣言》和《澜湄合作五年规划》为今后的合作指明了方向。2018 年 12 月，中国外交部部长王毅提出澜湄合作要以打造澜湄流域经济发展带为重点，建设产能澜湄、创新澜湄、民生澜湄、绿色澜湄和开放澜湄，切实惠及澜湄次区域的民众。[②] 从近期来看，澜湄次区域合作中存在的基础设施互联互通、价值链融入和应对第四次工业革命等领域仍是主要的挑战,[③] 在新一年的合作中，澜湄国家应通过推进项目落地、创新平台建设、加大资金投入、做好金融和智力支撑等加快推进“五通”、推动合作走深走实，通过实施符合民意、民生需求的项目惠及更多民众。

云南省作为澜湄合作机制、GMS 的主体参与省份，在通关便利化及金融等相关配套工作领域的重要性愈加凸显，应充分利用区位和地缘优势，发挥先行先试的作用，应重点推动“一带一路”建设、澜湄合作及 GMS 经济走廊建设之间的深度对接和已有项目的落地实施，推进与湄公河国家在农业、旅游业、产能、人文教育等领域的合作。

① 张芳：《2018 澜湄合作博览会　暨澜湄合作滇池论坛开幕》，《春城晚报》2018 年 11 月 24 日，第 5 版，http：//ccwb. yunnan. cn/html/2018 – 11/24/content_ 1253116. htm? div = –1。

② 李晓萍、徐德霖：《王毅谈澜湄合作未来发展六大方向》，国际在线，2018 年 12 月 17 日，http：//news. cri. cn/20181217/51d1e7ee – 57c7 – ca06 – efe1 – aa0c61dae882. html。

③ 王迪、陶军：《大湄公河次区域经济合作领导人会议通过多项成果文件》，《人民日报》2018 年 4 月 2 日，第 3 版。

B.7

2018年柬埔寨形势及对澜沧江－湄公河合作的参与

李涛　陈园*

摘　要：　2018年以来，柬埔寨政治形势保持稳定。第六届国会选举如期进行，人民党以绝对优势获胜。经济上虽然面临中美贸易摩擦等外部因素的冲击，柬埔寨国民经济依然保持了稳中有进的发展态势，农业、制造业、旅游业持续增长。外交上，柬埔寨对澜湄合作高度重视，积极投入，推动与相关各国之间的务实合作，促进区域经济社会的共同发展。

关键词：　柬埔寨　政治　经济　澜湄合作

2018年，柬埔寨第六届国会选举如期进行，人民党以绝对优势获胜，政治局势基本保持稳定。虽然面临中美贸易摩擦的紧张局势以及一些国家货币政策的影响，同时受到西方国家一定程度上的施压与制裁，柬埔寨王国政府依然大刀阔斧地开展基础设施建设，积极吸引外资，发展国民经济，提高国民生活水平，越来越多地参与世界经济与区域经济合作。

---

* 李涛，博士，云南大学国际关系研究院/周边外交研究中心副研究员；陈园，云南大学国际关系研究院2018级硕士研究生。

一　政治形势：面临外部压力依然保持稳定

（一）第六届国会大选尘埃落定，人民党依然牢固控制国家政局

2017 年洪森政府针对反对派一连串的削弱、打压、解散而导致的“救国党事件”在国际社会上引起了强烈的反响，美国、新西兰、欧盟对此反应尤为激烈，警告可能对柬取消关税优惠待遇，并停止对柬选举提供援助，拒绝承认柬埔寨的选举结果。欧美国家的一系列施压并没有阻止大选的到来。2018 年 7 月 29 日，柬埔寨第六届国会选举如期举行。洪森领导的人民党取得压倒性胜利，一举拿下议会全部 125 个议席。9 月 6 日，新一届政府提前成立，洪森继续出任国家首相，29 名政府部门部长全部留任。[①] 新一届政府的成立得到了世界各国的支持，各国领导人纷纷发贺电，表示对柬埔寨新政府及其领导班子的支持。人民党依然牢牢把握国家政治大局。

（二）开辟政府与非执政党对话的新平台与新模式

人民党作为执政党积极探索与其他政党和谐共处的新路径，新一届政府成立了政府和政党间最高咨询理事会。2018 年 8 月 21 日，洪森总理组织召开“政府和政党领袖论坛”。参加第 6 届国会选举的 20 个政党中，有 16 个政党代表出席论坛。洪森总理在会上倡导成立“政府和政党间最高咨询理事会”，得到与会所有政党主席的一致赞同。参加政府和政党最高咨询理事会的政党主席将被委任，职位相当于国务部长，至于党副主席或秘书长职位则相当于部长。[②] 每个政党有 2 人加入该理事会，其中包括党主席和副主席（或者秘书长）。该理事会的职责包括：向柬埔寨王国政府提出关于制定发

① 《国王签发王令正式任命新内阁 29 名政府部门部长全部留任》，《高棉日报》2018 年 9 月 6 日。

② 《政府和政党领袖论坛今日举行，多方共商成立最高咨询理事会》，《柬华日报》2018 年 8 月 21 日。

展政策的意见。对柬埔寨王国政府制定的法律草案在呈送内阁会议审批之前提出宝贵的意见。更重要的是，政府和政党之间最高咨询理事会有权致函参议院要求驳回已获得国会审批的法案。理事会主席按照轮职的原则，每个月按照选举名单上排列序号换一位轮值主席。该理事会的创立，开创了政府与非执政党间对话的新平台与新模式。

（三）修正《政党法》，取消政治禁令

柬埔寨王国政府于 12 月 3 日发布了关于《采取措施以增进民主和扩大政治空间》的重要声明。声明称，“为了进一步增进柬埔寨民主和把实施宪法提高到新的水平，柬埔寨国会正在检查和研究相关法律，以允许被禁止从政的一些政治人物恢复从政的权利。”① 但是，洪森总理 12 月 12 日指出，《政党法》修正案修正后，前反对党——救国党领导重返政坛必须向内政部部长或总理提出申请，另外，这不代表前救国党全部领导都可重返政坛。只有遵从高等法院判决令者才可重获参政权，反对者则机会渺茫。国会全体议员会议 12 月 13 日通过了《政党法》第 45 条文新（二）修正案，将为被禁止参政的前反对党高层提供重新参政的法律依据。② 修正后的《政党法》第 45 条文（新）规定，被法院禁止参政的政治人士，可以在最高法院禁令期限结束后，或者在内政部长的申请及总理的建议下，获得国王的特赦，他们将提前重获参政权。《政党法》的修正是出于政治形势的需要，为 118 名前救国党高层参政开了绿灯。

二　经济形势：面对挑战保持强劲增速

2018 年，世界经济与区域经济的增长为柬埔寨经济提供了重要的动力，在农业、旅游业、建筑业等多个领域取得了较为显著的成果，经济增

① 《“禁令”或被取消！原救国党高层有望重返政坛》，《柬华日报》2018 年 12 月 3 日。
② 《参议院审议通过“政党法”修正案》，《柬华日报》2018 年 12 月 25 日。

长创6年来最高纪录。然而，内外多重不利因素也给柬埔寨带来了前所未有的挑战。

（一）宏观经济依旧保持强势增长劲头

1. GDP增长率为7.3%，为近6年最高

据柬埔寨国家中央银行（NBC）2019年1月2日公布的“2018年宏观经济和银行业进展暨2019年展望”报告，得益于成衣业、建筑业与旅游业双位数增长，世界经济增长的大环境，税收政策的扩张，货币政策及金融业等领域的发展，2018年柬埔寨国家经济增长率为7.3%，为近6年最高，高于区域国家和其他发展中国家的平均经济增长率。[①] 国民生活水平不断得到提高。柬埔寨国内生产总值（GDP）从2000年的36.49亿美元增至2018年的246.05亿美元。人均GDP从2000年的188美元增至2018年的1563美元。

2. 通胀率仍保持低位，汇率仍保持稳定

2018年柬埔寨通货膨胀率为2.5%，低于2017年的2.9%，食物价格缓慢增长（2.7%），燃油等相关商品和服务稍高增长（3.7%）。瑞尔汇率稳定，尽管2018年区域内部分国家因美国央行调高基本利率的压力，造成本货贬值，但是柬埔寨的汇率仍保持稳定，即4050瑞尔兑换1美元。

3. 外来投资依然强劲

基于对柬埔寨市场潜力、政治稳定、自由市场经济和洪森政府的信心，2018年柬埔寨继续吸引了大量外国投资。据统计，2018年，柬埔寨外国直接投资比2017年增长12%。据柬埔寨国家中央银行（NBC）的年度报告，2018年，柬埔寨的外国直接投资（FDI）总额为30.83亿美元，增长了12%，占柬埔寨国内生产总值的12.7%。2018年，柬埔寨的银行业和房地产业得到了大量外国投资者的支持，而外国投资者对柬埔寨的制造业、农业、服装业、鞋业、汽车装配、汽车零配件和电气设备生产业的投资也有所增长。

---

① 《创新高！2018年柬埔寨GDP增长7.3%》，《高棉日报》2019年1月3日。

（二）对外贸易持续增长

据柬埔寨商业部12月24日公布的最新年度数据，2018年柬埔寨进出口贸易总额达249.85亿美元，贸易逆差为25.57亿美元，比2017年的22.42亿美元同比增长14.05%；贸易进口额达137.71亿美元，比2017年的130.19亿美元同比增长5.78%；贸易出口额达112.14亿美元，比2017年的107.77亿美元同比增长4.05%。[①] 2018年柬埔寨贸易出口总额有所增长，占国内生产总值的60%，主要得益于建筑业、成衣业和出口业的强劲增长、农业的持续增长，以及旅游业的强力复苏，尤其是柬埔寨贸易出口市场已增至147个国家。另外，柬埔寨还从135个国家进口商品，占国内生产总值的65%。[②]

（三）农林业、成衣制鞋业、旅游业等领域呈增长势头

1. 稻米产业

据柬埔寨农林渔业部统计，2018年柬埔寨共出口大米62.62万吨，同比减少1.5%。其中向中国出口17.0154万吨，占比27.17%，连续四年位列第一。[③] 前五大进口国还包括法国（8.61万吨）、马来西亚（4.09万吨）、加蓬（3.31万吨）和荷兰（2.67万吨）。较高的生产成本影响了柬埔寨大米在国际市场的竞争力。此外，应意大利、西班牙等国要求，欧盟宣布将对进口自柬埔寨的大米征收关税，以保护欧盟粮农利益。2018年，柬埔寨向欧盟出口大米26.91万吨，占总出口量的42.98%。[④]

2. 橡胶产业方面

根据柬埔寨农林渔业部的官方报告，柬埔寨2018年出口了超过21万吨橡胶，创造了3亿美元的收入。2018年，橡胶的平均价格为每吨1319美

---

① 《2018年柬埔寨进出口贸易总额250亿美元》，《高棉日报》2018年12月24日。

② 《2018年柬埔寨贸易逆差增至52亿美元》，《高棉日报》2019年1月29日。

③ 《中国连续四年为柬大米最大进口国》，《柬华日报》2019年1月13日。

④ 《欧盟宣布增税，柬大米或每年加付6000万美元进口税》，《柬中时报》2019年1月17日。

元，比去年下降了17%。柬埔寨有43.67万公顷橡胶种植园。到2018年3月初，已经收割20万公顷（占总面积的46%），余下22万公顷暂未收割。作为世界第16大天然橡胶生产国，政府制定了到2020年向中国、越南、新加坡和马来西亚出口29万吨橡胶的目标。①

3. 成衣制鞋业

2018年柬埔寨成衣业出口增长24.7%，部分产品出口更是以双位数和三位数增长，虽然成衣业出口仍占柬埔寨总出口额的2/3，但相比10年前的96%已明显减少。2018年，柬埔寨出口成衣与鞋子价值100亿美元，比2017年的80亿美元增长25%。2018年欧盟进口柬埔寨成衣鞋子量占总出口量的46%，美国占24%、加拿大占9%和日本占8%。2018年柬埔寨成衣鞋子出口额占贸易总出口额的74%，该领域为80万工人提供就业。②

4. 旅游业

旅游业是柬埔寨的“绿色黄金”，柬埔寨王国政府实施了多元化的旅游业发展政策。2018年柬埔寨共接待620万人次的外国游客，比2017年的560万人次增长11%。其中，中国游客数量排名第一，达190万人次，同比增长70%；欧美国家游客数量则下降4%至5%。旅游业为国内生产总值贡献12%，为62万人直接创造就业岗位。③

5. 建筑业

建筑业是柬埔寨经济增长的四个主要行业之一。建筑业平均每天在全国范围内雇用20多万名工人，而金边每天至少需要9万名工人。2018年全国共批准2867个大型建筑投资项目，比2017年同期的3052个项目下降6%；投资总额高达52.29亿美元，比2017年同期的64.29亿美元额度下降18.67%。其中，西哈努克省的建筑业投资额高达10亿美元，占全国的20%，比2017年增长58%。西哈努克省建设局共批准了297个建筑项目，

① 《2018年柬农业占比23.5%》，《高棉日报》2019年3月12日。

② 《2018年柬埔寨成衣鞋子出口额超百亿美元》，《高棉日报》2019年1月30日。

③ 《2018年620万人次外国客人到访柬埔寨》，《高棉日报》2019年1月23日。

建筑面积达166.95万平方米。2018年柬埔寨住宅区项目共有2420个项目，协议投资额共18.35亿美元。[①]

6. 能源业

2018年，柬埔寨最大水电站——“桑河二级水电站”于12月17日正式投产发电，将基本满足柬埔寨的电力需求，进一步降低电价。[②] 在清洁能源方面，柬埔寨也在积极探索。由中国晶科能源控股有限公司（JKS-Jinkosolar Holding Co.，Ltd）和柬埔寨SchneiTec集团合作建设的太阳能发电厂、实居省60兆瓦光伏电站等项目在积极推进之中。此外，柬埔寨还与中国最大的海洋油气生产商中国海洋石油集团有限公司、亚洲开发银行等携手开发清洁能源，推动柬埔寨再生能源领域发展，为用户提供高质量和价格低廉的电力供应。

三　对外交流与合作：拓展合作网络，打造紧密合作关系

（一）着力改善周边外交关系，拓展周边合作网络

1. 柬中关系：携手打造中柬具有战略意义的命运共同体

（1）双边交往密切，政治互信稳固。2016年10月，习近平主席访问柬埔寨，在抵达金边之前在当地主流报纸《柬埔寨之光》发表署名文章，用“肝胆相照的好朋友”“情同手足的好邻居”形容中柬关系。[③] 2018年是柬中两国建交60周年，两国关系在这一年继续取得新的重要进展。2018年1月，李克强总理访问柬埔寨，提出两国携手打造具有战略意义的命运共同

① 《2018年西省建筑投资额同增58%》，《高棉日报》2018年12月27日。

② 《柬最大水电站投产，助实现电力自给自足》，《柬中时报》2018年12月17日。

③ 《特写：一花一木总是情——习近平主席访问柬埔寨受到热烈欢迎》，新华网，2016年10月14日，http://www.xinhuanet.com/world/2016-10/14/c_1119721143.htm。

体，在全面战略合作伙伴关系基础上，为中柬关系注入新的内涵。[①] 李克强总理访柬期间双方还签署了《关于进一步推进中柬技术转移中心建设的谅解备忘录》《关于质量提升合作谅解备忘录》《中柬两国政府经济技术合作协定》《关于实施吴哥古迹王宫遗址修复项目的立项换文》《关于开展“爱心行”项目的谅解备忘录》《关于合作编制柬埔寨现代农业发展规划的谅解备忘录》《关于水稻研究合作的谅解备忘录》《关于在柬埔寨建设珍贵树种繁育中心的协议》等19份合作文件。[②] 为纪念两国建交60周年，两国领导人互致了贺电，两国也隆重举办了一系列庆祝活动。

（2）经贸合作成果显著，潜力巨大。中国现在是柬埔寨第一大投资来源国，第一大贸易伙伴，也是柬埔寨最大的合作伙伴。2018年中柬双边贸易额达73.9亿美元，增长27.6%。2018年中国对柬新增非金融类直接投资6.4亿美元，增长17.6%。截至2018年底，柬累计对华实际投资额为2亿美元，中国企业在柬累计签订工程承包合同额为204.2亿美元，完成营业额为128.8亿美元。2018年，新签工程承包合同额为28.8亿美元，下降12.7%，完成营业额18亿美元，增长2.1%。[③] 中方对柬制造业领域投资迅速增长，近年来中方投资的华新和马德望海螺水泥厂相继投产。蓬勃发展的西哈努克港经济特区是中柬务实合作的样板，截至2019年10月，园区已累计引进来自中国、欧美、日韩、东南亚等国家和地区165家企业，为当地提供近3万个就业岗位。2018年初，柬方完成了中国－东盟自贸区升级《议定书》生效的国内相关法律程序。在2018年5月举行的WTO总理事会上，柬方多次支持和呼应中方立场，支持自由贸易体制。[④]

① 《携手打造命运共同体　务实合作深入各领域——李克强访柬埔寨加深两国友谊》，中华人民共和国中央人民政府，2018年1月12日，http：//www.gov.cn/xinwen/2018－01/12/content_5255948.htm。

② 《中华人民共和国政府柬埔寨王国政府联合公报（全文）》，新华网，2018年1月11日，http：//www.xinhuanet.com/2018－01/11/c_1122246811.htm。

③ 《中国－柬埔寨经贸合作简况》，中华人民共和国商务部，2019年2月2日，http：//yzs.mofcom.gov.cn/article/t/201902/20190202833046.shtml。

④ 《中柬经贸合作步入高速发展通道》，中华人民共和国商务部，2019年1月26日，http：//www.mofcom.gov.cn/。

（3）对柬援建力度持续加强，助推柬埔寨经济社会发展。2018 年 12 月 13 日，柬埔寨副总理兼财经部部长温本莫尼洛与中国国家国际发展合作署副署长邓波清，在金边市分别代表双方政府签署两份无偿贷款和优惠贷款协议：无偿援柬 12 亿元人民币，用于提高柬埔寨民生水平和完善基础设施建设；以及提供优惠贷款 6.22 亿元人民币，用于发展柏威夏省储存水库建设。[①] 另据柬埔寨财经部的最新数据，截至 2018 年 12 月 13 日，中国已向柬埔寨提供 58 亿美元合作贷款，其中 44 亿美元为优惠贷款，以及 14 亿美元的经济与技术合作框架贷款。同日，由中国政府援助柬埔寨的 40 辆大巴"流动诊所"分两批交付柬方，援柬流动诊所配备现代化医疗设备。中企利用中国政府"两优一贷"、无偿援助为柬修建了 3000 多公里高级公路，架设了 8 座大型跨河大桥（第 8 座桥在建）。已建成的水利项目灌溉面积 45.6 万公顷。还积极协助柬方修建了中柬友谊医疗大楼、特本克蒙省医院等大型医院并在柬乡村及偏远地区大量铺设乡村公路、打井修渠、修缮校舍，极大地改善了当地基础设施，助力解决当地民众上学难、出行难、饮水难、看病难等问题。

（4）两国人文交流深化，亮点频现。2018 年，为庆祝中柬建交 60 周年，两国人文交流不断深化。西哈努克太皇长女、柬埔寨王家舞蹈团团长帕花黛薇公主亲率柬王家舞团于 4 月 28 日赴华举办"相约北京"艺术节专场演出，倾情演绎《仙女舞》《柬埔寨王家舞》《柬埔寨面具舞》等舞蹈作品和西哈努克太皇作词、作曲的《怀念中国》和《中国，我亲爱的第二故乡》等经典歌曲。中国是柬埔寨第一大游客来源国，2018 年中国赴柬游客数量达 160 多万人次，较 2015 年增长 1 倍多。目前有 2000 多名获得中国政府奖学金的柬埔寨学生在中国学习。中柬两国在医疗卫生、文物修复等领域也保持密切合作。中柬"爱心行""光明行"项目取得阶段性成果。中国援建考斯玛中柬友谊医院、特本克蒙省医院项目先后开工。2018 年 1 月，在顺利

① 《中国再向柬埔寨援助 18 亿！累计高达 406 亿！》，柬埔寨柬单网，2018 年 12 月 14 日，http：//share.58cam.com。

完成周萨神庙、茶胶寺援助修复任务后，中柬正式签署《关于实施吴哥古迹王宫遗址修复项目的立项换文》。修复吴哥古王宫遗址成为中柬两国考古研究和古迹保护合作的新亮点。

2. 柬泰关系：保持良好发展势头

（1）政治互信不断增强。洪森总理于2018年6月14日率团出席自6月14日至16日在泰国曼谷举行的第八届伊洛瓦底江－湄南河－湄公河经济合作战略组织（ACMECS）峰会和第九届柬老缅越合作（CLMV）峰会。峰会期间，洪森总理与泰国总理进行了双边会晤。[①] 洪森总理借此机会希望泰方尽早与柬埔寨达成多项协议，包括开通两国跨边界铁路运输的协议、跨境物流合作谅解备忘录，在卜迭棉芷省乌宁地区开通和泰国沙缴府的两个新的国际口岸，以实现在2020年两国双边贸易突破150亿美元的目标。[②] 12月1日至3日，柬埔寨与泰国双方边境委员会在暹粒省召开边境联合委员会会议。泰国和柬埔寨达成共识，双方将加强扫除边境地雷和未爆炸物工作，为边民提供安全舒适的生活环境。[③] 2018年在泰国合法与非法务工的柬埔寨劳工人数突破120万人次，柬埔寨劳工聘请协会与柬埔寨－泰国联络协会（TCRA）于11月初签署合作谅解备忘录，旨在保障柬民在泰务工的合法性。[④]

（2）经贸关系稳步发展。泰国驻柬埔寨大使馆商务参赞处的资料显示，2018年柬泰双边贸易额达83.89亿美元，与2017年相比，增长了35.5%，其中泰国对柬埔寨出口额约76亿美元，而柬埔寨对泰国出口额约7.68亿美元。[⑤] 由于柬埔寨政治稳定、经济快速增长且具有劳动力人口，吸引了许多的泰国公司、商人和投资者在柬埔寨进行投资。柬埔寨商业部部长班苏萨表示，随着柬泰各领域合作关系良好，两国贸易额继续上涨，两国政府已定下

① 《洪森总理赴泰出席区域合作峰会》，《柬华日报》2018年6月14日。
② 《洪森会晤泰国总理巴育商讨多项合作协议》，《柬华日报》2018年6月15日。
③ 《柬泰达成共识将共同开展扫雷行动》，《柬华日报》2018年12月5日。
④ 《柬泰双方签署协议保障两国劳工权益》，《柬华日报》2018年11月11日。
⑤ 《2018年柬泰双边贸易额逾83亿美元》，《柬华日报》2019年1月23日。

2020 年双边贸易总额 150 亿美元的目标，柬埔寨将继续与泰国保持密切合作，尤其是泰国 2019 年出任东盟峰会主席国，泰国将促进《区域全面经济伙伴关系协定》（RCEP）于 2019 年成功完成谈判，这将保障柬埔寨出口业更多元化。[①] 柬泰两国于 10 月 16 日召开了第 4 次有关旅游领域合作的会议，其间柬方表示柬埔寨柏威夏省、奥多棉芷省、菩萨省等与泰国接壤的省份都希望与泰方开设更多口岸，进一步加强双方的旅游业合作，因为目前两国的游客来往明显保持增长趋势。柬方还希望泰方在出入境问题上能够简化手续办理，有效提高两国的旅游业合作与来往关系。[②]

3. 柬越关系：向更深层次和更广范围拓展

（1）高层和各级别互访频繁。洪森总理应越方邀请，于 2018 年 12 月 6 日至 8 日对越南进行正式访问。访问期间，柬越双方还签署了《柬埔寨－越南 2018～2025 年运输合作战略谅解备忘录》、《柬埔寨－越南边境贸易协议》、关于互相免征关税的《2018～2019 年柬埔寨－越南贸易便利化协议》、《柬越防止非法贩卖、挖掘和运送古文物协议》等 6 个合作文件。[③] 不久，西哈莫尼国王陛下又于 12 月 19 日开始对越南进行为期 3 天的访问，并会见了越共中央总书记、国家主席阮富仲。应柬方邀请，越共中央政治局委员、中央军委副书记、国防部部长吴春历也于 12 月 27 日率领越南高级军事代表团对柬埔寨进行为期 3 天的正式访问。访柬期间，双方对 2018 年双方的合作成果进行评估总结，并讨论 2019 年合作内容与方向以及有效落实各项合作项目，促进双方关系发展的措施。[④]

（2）边境、防务、安全等领域交流与合作日益加深。柬越的陆路边界线长达 1270 公里，需要设立 314 个界碑。截至 2018 年，越南和柬埔寨在合作上取得了令人瞩目的成绩，其中两国已完成设立界碑工作的 84%。[⑤] 上丁

① 《“区域全面经济伙伴关系协定”（RCEP）部长级会议在柬埔寨暹粒举行》，中华人民共和国商务部，2019 年 3 月 4 日，http://gis.mofcom.gov.cn/。

② 《柬泰有意增设口岸促进双边贸易》，《柬华日报》2018 年 10 月 17 日。

③ 《国王对越南进行国事访问》，《高棉日报》2018 年 12 月 19 日。

④ 《越南国防部部长吴春历访柬》，《高棉日报》2018 年 12 月 27 日。

⑤ 《柬越同表决心于今年完成界碑设立工作》，《柬华日报》2018 年 12 月 7 日。

省战区指挥官于10月底到访越南庆和省芽庄市，加强两国军事合作与人道主义活动。访问期间，上丁省战区指挥官拜访了庆和省省长与省军事指挥官，越方承诺与柬方继续保持军事合作，并向柬方按阶段援建军人宿舍。柬方表示，庆和省已向上丁省援建了13栋军人宿舍和一栋价值70万美元的客栈。此外，越方在上丁省开展人道医治活动，为柬贫民免费看病，同时还连续4年为柬贫民建筑房子。此外，在寻找战期越南军人遗骸，柬方也做出了积极配合，使得寻找工作得以顺利推行。[①] 为加强合作维护边境稳定，柬埔寨王家军副总司令兼陆军司令洪玛内12月14日在金边市与到访柬埔寨的越共中央委员、越南国防部边防部队司令黄春战举行工作会谈，双方一致同意今后继续落实两国国防部2019年防务合作计划以及双方所达成共识的各项内容。双方积极为按期完成勘界立碑工作创造便利，加深两个民族的团结友谊关系，为两国边民互市贸易、促进生产创造便利，加强双方边境联合巡逻活动，保持会谈、会面机制，本着团结、友好、互相了解的精神及时解决边境地区发生的突发治安问题，在预防打击各类犯罪，尤其是在打击毒品犯罪、恐怖主义、刑事犯罪、非法出卖转让武器装备犯罪工作中密切协作配合等。[②]

（3）经贸合作加强。2018年柬越双边贸易额达45亿美元，同比增长18%，创历史新高。值得一提的是，2014年至2016年，柬越双边贸易额不断下降，从2014年的33亿美元降至2015年的30亿美元，并在2016年下滑至28亿美元。然而，2017年和2018年，柬越的双边贸易额开始恢复增长势头。[③] 柬埔寨商业部部长班苏萨在12月6日出席越南河内举行的“柬埔寨－越南商业论坛”闭幕仪式时表示，目前越南是柬埔寨第五大投资国，越南在柬埔寨投资206个项目，总价值30.2亿美元，而柬埔寨在越南投资18个项目，总价值5810万美元。两国可以通过签署贸易协议，跨国服务、陆路交通谅解备忘录，双边贸易便利化和废除重叠征税协定，加强多方面合

① 《柬越双方继续加强军事合作》，《高棉日报》2018年10月28日。

② 《柬越加强合作维护边境稳定》，《高棉日报》2018年12月14日。

③ 《45亿美元！柬越双边贸易创历史新高》，《柬华日报》2019年1月28日。

作，促进双方贸易和投资往来，一起沿着柬越边界建立“大市场”。①

4. 柬老关系：睦邻友好关系稳步推进

（1）高层互访。应老挝总理通伦邀请，洪森总理于12月5日至6日对老挝进行了为期两天的访问。在老挝期间，洪森总理会见老挝主席本扬·沃拉吉和老挝国会主席巴妮·雅陶都。在洪森总理与老挝总理通伦举行双边会谈后，双方还签署了《柬埔寨－老挝2019～2024年教育合作协议》《柬埔寨－老挝2019～2021年文化艺术合作谅解备忘录》《柬埔寨借老挝大象到Safari动物园表演的合作备忘录》《柬埔寨老挝电力贸易协议》等4个合作文件。双方同意继续共同努力，落实有关边界争议解决方式的协议。②

（2）边境合作。洪森总理在12月初访老挝期间，柬老两国就边境地区的“乌达奥”和“乌阿来”边境问题举行了会谈。重申将遵循之前的三点共识：双方不向争议地区派兵；双方民众不在争议地区居住或谋生；双方将在争议地区，包括陆路、水路、航空领域联合巡逻。两国将指派有关各部门共同实现上述共识。③ 双方一致同意，第一优先工作就是两国外交部长将以书面形式请求法国援助，将法国此前所绘制的1∶100000比例的地图转换为1∶50000比例的地图和提供与两国边界有关的资料。接下来将继续请求法国提供更多的有关柬埔寨和老挝边境地区的资料，尤其是剩余16%尚未勘界立碑的地区，以尽早解决两国的边境问题。目前，两国已经完成柬老边境全长540公里中的464.5公里的边境测量勘界工作，并且完成145个边界碑中的121个边界碑设立工作，剩余的边境测量勘界工作正在谈判中。④

（二）积极发展区域外大国关系

1. 柬美关系：寻求提升双边关系，深化互利合作

美国是柬埔寨继欧盟之后的第二大出口市场，柬埔寨25%的出口商品

① 《柬越双方加强合作向50亿美元贸易大关冲刺》，《柬华日报》2018年12月7日。

② 《柬老两国领导人就边境问题达成共识》，《柬华日报》2018年12月5日。

③ 《洪森总理今日率团访问老挝》，《柬中时报》2018年12月5日。

④ 《柬埔寨－老挝推进两国边境勘界立碑工作》，《高棉日报》2018年12月5日。

目的地为美国，柬埔寨出口到美国的大部分商品是纺织品与鞋子。2018年柬埔寨对美国的出口总额为38.26亿美元，同比增长24.76%，美国对柬埔寨出口总额为4.47亿美元，同比增长11.59%，双边贸易总额达42.72亿美元，同比增长23.24%，贸易顺差达33.79亿美元，同比增长26.74%。另据柬埔寨发展理事会发布的最新数据报告显示，截至2018年8月，美国公司累计对柬埔寨投资11亿美元。目前，美国公司在柬埔寨共有52个项目，其中制造业与工业投资达2.74亿美元。[①] 柬美双边贸易额大幅度增长离不开美国向柬埔寨提供GSP普惠制。此外，柬美还建立了TIFA贸易和投资框架协议会议机制，目前已举行了5届。这是一个重要的平台，让柬美双方继续解决双边合作存在的问题，以及讨论应对新的挑战，给两国带来了实实在在的利益。[②]

自2017年美国不再给柬埔寨外交官发放B1和B2签证后，洪森总理也宣布暂停与美国合作寻找美国大军遗骸项目。洪森总理在9月底出席在美国举行的联合国大会期间重申"除非美国取消制裁行动，否则柬埔寨不会恢复与美国合作寻找失踪美军骸骨"的强硬立场。然而，柬埔寨政府态度突然急转直下。洪森总理11月12日致函美国华盛顿州参议员道格·埃里克森（Doug Ericksen），尽管美国仍实行签证限制，但柬埔寨政府秉持慈悲精神，同意恢复寻找美军遗骸合作。11月14日，柬埔寨国务部长波沙伦与由美国海军上将约翰·C.克里茨（Jon C. Kreitz）率领的"被俘及失踪美军遗骸项目"（POW/MIA）代表团进行工作会谈，讨论有关恢复寻找在柬埔寨内战时期失踪的美国大军遗骸的合作。

2.柬日关系：经济文化交流更加密切

为庆祝两国建交65周年，日本首相安倍晋三2018年2月向柬埔寨总理洪森致函时称，日本将继续与柬埔寨合作，参与维护世界与区域的和平与繁荣。[③] 两国10月19日至11月18日举办了"日本与柬埔寨友谊之月"系列

① 《今年首季度柬美双边贸易额同比大增》，《柬华日报》2019年6月1日。

② 《柬美贸易额持续走高　首破30亿美元大关》，《柬华日报》2019年1月28日。

③ 《安倍晋三承诺日本将继续与柬埔寨合作》，《高棉日报》2018年2月24日。

庆祝活动。应日本政府的邀请，洪森总理于10月6日率团赴日本出席在东京举行的第10届“日本－湄公河流域国家峰会”，并在峰会上发表湄公河与日本合作未来发展方向的重要讲话。

4月8日，洪森总理与到访的日本外交部部长河野太郎（Taro Kono）进行了会晤。会谈后日方向柬提供总额约97.16亿日元（约9000万美元）的无偿援助和优惠贷款的换文。这两项换文分别是：日本向柬提供5亿日元（约466万美元）的无偿援助，用于落实柬埔寨经济和社会发展项目。另一项为日本向柬提供92.16亿日元（约8600万美元），用于建设金边第二期输电网工程。[①] 1月10日，柬埔寨公共工程与运输部与日本国际协力机构（JICA）举行签署援助2.4635亿美元优惠贷款用以改善5号公路路段（即从干拉省波也吕县至菩萨省哥哥县）协议，该路程总长约135.25公里，工程为期4年。[②] 1月15日，柬埔寨劳工和职业培训部职业总局与日本爱媛县外国人技能实习生协议会签署关于派遣柬埔寨实习生到日本接受实习和务工的谅解备忘录。2007～2017年，柬埔寨共派遣和输送约6177名劳工和实习生到日本务工和接受培训，其中女实习生3572名。签署谅解备忘录的主要目的是通过派遣柬埔寨实习生到日本爱媛县学习专业技术知识和经验，促进柬埔寨人才资源的培养，从而进一步加深柬日的合作关系，推动两国经济的发展和文化的交流。[③]

四　2018年柬埔寨对澜湄合作的参与

（一）积极主办澜沧江－湄公河合作第二次领导人会议

柬埔寨以东道国身份于2018年1月10日在金边召开了澜沧江－湄公河

① 《柬日正式完成签署援助协议　逾9000万美元将助柬落实多个发展项目》，《柬华日报》2018年4月8日。

② 《柬日签署援助协议致力改善柬5号公路》，《柬华日报》2018年1月10日。

③ 《柬日签署谅解备忘录　大批柬实习生将赴日实习务工》，《柬华日报》2018年1月15日。

合作第二次领导人会议。在出席澜湄合作第二次领导人会议之前，澜湄六国领导人共同参观了澜湄合作成果展。该成果展以“共饮一江水，命运紧相连”为主题，涉及基础设施、能源、物流、互联网等各国共同关注的重点领域。[①] 作为东道国的柬埔寨总理洪森和中国国务院总理李克强共同主持会议，老挝总理通伦、缅甸副总统吴敏瑞、泰国总理巴育、越南总理阮春福出席会议。此次会议主题为“我们的和平与可持续发展之河”，六国领导人“主要针对讨论促进次区域的经济和社会发展，改善次区域人民生活，拉近成员国之间的发展差距，助力支持东盟共同体建设和促进南南合作，参与实现联合国2030年可持续发展的议程。”[②] 与会各国领导均表示愿加快推进澜湄合作不断壮大，加强水资源、互联互通、农业、人文等领域合作，促进本地区和平安定和可持续发展。此次会议发表了《澜湄合作五年行动计划（2018～2022）》和《澜湄合作第二次领导人会议金边宣言》，为澜湄合作机制指明了未来发展进程。[③] 李克强总理在此次会议上强调在巩固“3＋5合作框架”的基础上，拓展数字经济、环保、卫生、海关、青年等领域合作，逐步形成“3＋5＋X合作框架”。为支持上述领域合作，中方愿于2018年上半年启动本年度澜湄合作专项基金申报。此外，中方还提议将每年3月澜湄合作首次领导人会议召开的那一周确定为“澜湄周”，以提升六国民众的澜湄合作意识。[④]

澜湄合作第二次领导人会议的成功举办，在柬埔寨当地受到了广泛关注，澜湄合作机制有助于各国畅所欲言，澜湄合作将极大地推动柬埔寨的经济增长，柬埔寨需提高当前的制造业水平、生产出附加价值更高的产品。

---

① 《中国－东盟博览杂志——澜湄合作的柬埔寨时间》，东博社，2018年2月12日，www.caexpo.org/。

② 《澜湄六国领导人共襄“六水合一”澜沧江－湄公河合作第二次领导人会议金边召开》，《柬华日报》2018年1月9日。

③ 《李克强出席澜沧江－湄公河合作第二次领导人会议》，澜沧江－湄公河合作，2018年1月10日，http://www.lmcchina.org/zt/dscwzh_1/t1524914.htm。

④ 《李克强在澜沧江－湄公河合作第二次领导人会议上的讲话》，中华人民共和国外交部，2018年1月10日，http://www.fmprc.gov.cn/web/zyxw/t1524884.shtml。

柬埔寨将以澜湄合作为契机，努力吸引中国及其他国家到柬埔寨投资。柬埔寨参与澜湄合作主要有两个诉求：一是通过澜湄合作，推动柬埔寨获得更大的发展。这是柬埔寨目前和未来很长一段时间需要解决的核心问题。二是在地区国际格局中发挥更大的影响力。与湄公河其他国家相比，柬埔寨虽然国家体量不算大，但一直在地区国际关系中发挥着独特的作用，柬埔寨在澜湄合作中具有一定的优势，或成为澜湄合作中最积极的推动者和支持者，柬方对澜湄合作的积极态度有助于澜湄合作专项基金项目的顺利实施，必将在教育、健康、旅游等诸多领域为柬埔寨人民带来巨大益处。①

（二）参与澜湄合作框架内的多边会议，努力提升区域经济一体化水平

2018 年 3 月 30 日，洪森总理率领政府高级代表团赴越南，出席在河内举行的大湄公河次区域经济合作第六次领导人会议（GMS－6）和第十次柬老越发展三角区合作峰会（CLV－10）。此次 GMS－6 会议以“发挥25 年合作成效，建设可持续、一体化和繁荣的 GMS”为主题。会议通过了《共同宣言》、《2018～2022 河内行动计划》和《2022 区域投资框架》三项成果文件，其中《2022 区域投资框架》规定了未来五年的优先项目清单，包含 227 个投资和技术援助项目，总金额约 660 亿美元。② 在河内同期举行的 CLV－10 会议上，柬老越三国领导人同意扩大柬老越发展三角区合作机制的覆盖范围，在打击跨境犯罪和保护环境等领域加强合作，并通过了关于加强三国经济联系的总体规划。

12 月 17 日，柬埔寨副总理何南丰出席参加了在老挝琅勃拉邦举办的澜沧江－湄公河合作第四次外长会。会议旨在落实第二次领导人会议成果，规划澜湄合作下步发展，并为第三次领导人会议做准备。会议通过了《联合新闻公报》，散发了《〈澜湄合作五年行动计划〉2018 年度进展报告》、

---

① 《澜湄合作为柬埔寨发展注入新动力》，《人民日报》2019 年 2 月 23 日，第 3 版。

② 《大湄公河次区域经济合作领导人会议通过多项成果文件》，中华人民共和国中央人民政府，2018 年 4 月 1 日，http：//www. gov. cn/xinwen/2018－04/01/content_ 5279008. htm。

“2018 年度澜湄合作专项基金支持项目清单”和六国智库共同撰写的《澜湄流域经济发展带研究报告》，发布了澜湄合作会歌。柬埔寨副总理何南丰在会议之前还与中国国务委员兼外交部部长王毅举行了会谈，并表示“今年是柬中两国建交 60 周年，两国关系取得长足发展，高层互访频繁，务实合作成果丰硕，感谢中方向柬方提供的大量无私支持和帮助。柬方积极支持澜湄合作，愿同中方密切沟通协调，推动这一机制不断取得积极成果”①。

与此同时，柬埔寨还积极参与 2018 年 6 月 15 日至 16 日在泰国首都曼谷举行的第 8 届伊洛瓦底江－湄南河－湄公河经济合作战略组织（ACMECS）峰会，与来自泰国、缅甸、老挝、越南四个国家的领导人以及一些地区和国际组织的负责人就“迈向湄公河地区一体化”主题进行讨论，与会的各国领导人致力于通过并实施一份经济合作战略规划，提升本地区的互联互通状况和经济发展水平。洪森总理在峰会上指出，柬埔寨准备兴建金边至西哈努克省的高速公路，旨在进一步提升柬埔寨与各国贸易运输效率。在 ACMECS 成员国中，柬埔寨的电费比部分国家还要贵，为此，政府正在考虑从 2019 年起继续降低电费的可能性。此外，柬埔寨王国政府也正在筹备成立“中小企业银行”（MEs 银行），向中小型企业提供贷款，以促进中小型企业健康发展。②

2018 年 7 月 2 日，由中国人民日报社和老挝新闻文化和旅游部共同主办的“2018 澜沧江－湄公河合作媒体峰会”在老挝首都万象开幕，来自中国、老挝、柬埔寨、泰国、缅甸、越南的 40 家媒体的代表参加了会议。与会者围绕“民心相通、命运与共”这一主题，就深化媒体合作，进一步促进流域内国家民心相通，发挥媒体桥梁纽带作用建言献策，共谋发展。峰会上，来自澜湄六国的媒体人士表示，澜湄合作媒体峰会是促进区域内媒体合作机制化的平台。各国媒体应携手承担起应有的使命和担当，做澜湄务实合作的传播者、推动者，聚焦和平发展的主题，积极报道澜湄合作的美好愿

① 《中国外交部部长王毅会见何南丰副总理》，《柬华日报》2018 年 12 月 17 日。
② 《洪森出席区域经济合作战略峰会　共享国家发展成就及疏解之道》，《柬华日报》2018 年 6 月 15 日。

景，讲好澜湄合作精彩故事。[①]

柬埔寨商务部国务秘书春·达拉还参加了2018年11月23日至27日由中国国际商会主办，中国国际贸易促进委员会云南省分会、昆明市人民政府、云南省城市建设投资集团有限公司共同承办，澜沧江－湄公河合作中国秘书处、中国－东盟中心、亚洲金融合作协会支持的“2018澜湄合作博览会暨澜湄合作滇池论坛”。此次活动以“同饮一江水，合作共发展”为主题，旨在通过举办高水平的展览展会、高层次的论坛对话和高效率的企业对接，更广泛地调动中国、老挝、缅甸、柬埔寨、泰国、越南的经贸企业、社会团体、智库高校等各种力量深入参与澜湄合作，共谋发展，共同搭建互利共赢的澜湄合作大平台。

结　语

2018年，柬埔寨政治形势保持稳定。第六届国会选举如期进行，人民党以绝对优势获胜。柬埔寨经济保持强劲增速，在农业、旅游业、建筑业等多个领域开花结果。外交关系上，柬埔寨政府依然奉行独立、和平、永久中立和不结盟的外交政策，认真、妥善处理好与周边国家、区域外大国以及国际社会的关系，虽然面临中美贸易摩擦的紧张局势的影响，同时受到欧盟、美国等西方国家各种程度的施压与制裁，但是由于国内政局相对和平稳定，世界与区域经济依然取得增长的条件下，柬埔寨王国政府大力开展基础设施建设，以吸引外资，发展国家经济，提高国民生活水平，越来越多地参与到世界经济之中，2018年的国民经济运行依然保持了稳中有进的发展态势。在新型的次区域合作机制——澜湄合作层面，柬埔寨积极主动参与澜湄合作重要会议，推动与现有次区域机制的有效对接，深化与澜湄国家间的经贸交流，推动各国之间的务实合作，努力推动本国经济与社会的发展。

---

① 《深化媒体合作　夯实民意基础　2018澜湄合作媒体峰会举行》，《人民日报》2018年7月3日，第4版。

B.8

2018年老挝形势及对澜沧江－湄公河合作的参与*

方　芸**

摘　要： 2018年，老挝政局政治形势继续保持稳定，经济发展态势平稳，对外交往不断扩展，为国内经济建设营造了良好的国际环境。在区域合作方面，老挝态度积极，努力巩固既有双边关系，积极参与澜湄合作、GMS合作等多边机制，为实现"陆锁国"向"陆联国"战略转变创造了积极条件。

关键词： 老挝　政治　经济　澜湄合作

一　社会政治形势

（一）努力建设廉洁高效政府

1986年老挝实施更新开放政策以来，经济持续快速发展，对政府的管理和行政效率提出了挑战，特别是老挝人民革命党第十次全国代表大会以来的现任政府加强了廉洁高效政府的建设。2018年，老挝人民革命党进一步加强党建工作，重点部署反对腐败和官僚主义，努力建设廉洁

* 本报告为云南省哲学社会科学规划课题"中老两国社会主义命运共同体建设构想和实施路径研究"（项目编号：ZD201706）的阶段性成果。

** 方芸，云南大学国际关系研究院、周边外交研究中心研究员。

高效政府。在2018年2月举行的政府工作例会总结性发言中，总理通伦·西苏里明确提出，政府官员、党员、公务员、军人和警察、学者、工人、企业主，社会各阶层、各民族应发挥国家主人翁精神，履行国家宪法和法律赋予的责任，促进和谐，按照党的有原则的革新政策，完成保护和建设国家的任务。[①] 通伦此番总结，实际上是希望政府和社会各界统一认识，坚持贯彻落实党的方针政策，确保国家社会经济的可持续发展。随后，对于如何提高政府工作效率，老挝出台了具体的政策。2018年5月30日，老挝总理通伦签署第177号总理令，对提高总理府、各部委和省级部门之间的行政效率提出要求，鼓励各部门在职权范围内行使行政权力，加强协调，各司其职，提高办事效率。[②]

2018年7月在老挝南部发生的在建水坝溃坝事件，就是对老挝党和政府对突发事件的应急处理能力的一次重大考验。7月23日晚八时左右，位于老挝阿速坡省的桑片-桑南水电站项目的副坝发生溃坝，洪水涌入萨南赛县13个村庄，其中6个村庄严重受损，数千人无家可归，人身财产损失严重。总理通伦·西苏里7月24日下午前往溃坝灾区，视察灾情，看望受灾群众。老挝政府立即启动救援行动和措施，将萨南赛县定位为国家级水灾区，成立由劳动与社会福利部、国防部、阿速坡省政府及相关部门组成的应急小组，负责沟通协调赈灾资金和物资。8月7日，老挝政府成立了以国家监察局局长本通·吉玛尼为主席的事故调查委员会，该委员会可以接受资金技术援助，以及来自国际机构权威专家的帮助、技术验证，以开展溃坝原因的调查工作，同时，邀请投资方和承建方代表提供意见和监督调查的开展，确保调查的效率、透明和国内外的认可。

---

① "Government Considers, Approves 10 Draft Laws", Lao News Agency, 2018-2-12, http://kpl.gov.la/En/Detail.aspx?id=31804.

② 《老挝政府颁布简政总理令》，中华人民共和国驻老挝人民民主共和国大使馆经济商务参赞处，2018年5月30日，http://la.mofcom.gov.cn/article/jmxw/201805/20180502749923.shtml。

（二）积极发挥国会职能

老挝国会加大了立法力度、完善法律体系，维护国家稳定和人民民主制度。2018 年，第八届国会第五次会议和第六次会议分别于 5 月和 11 月如期举行。两次会议审议通过了 21 部法律（包括修订案），包括银行法、公共债务管理法、增值税法、老挝银行法、经济争端解决、社会安全法、家庭登记法、标点符号法、老挝人民军军官法、民用航空法、老挝建国阵线法、退伍军人联合会法、民法、商业银行法、辐射安全法、电子签名法、铁路法、健康保险法、残疾人保障法、老挝政府驻海外代表办事处法等。

对于 2018 年政府的表现，国会给予了中肯评价，包括政府工作的成绩。国会自身能力建设方面，国会主席指出国会常设委员会要克服其不足之处，履行其立法职能和对国家重大决策的监督职能，促进与中央和地方职能部门的协调。①

2018 年 12 月八届国会六次会议期间，国会热线接听了上百个来电反映了 486 个大众关心的问题，其中，反映最多的问题是道路破损、土地争端和毒品贩卖蔓延。国会向相关部门转达了具体问题，并责成相关部门予以回应和处理。

二　经济发展形势

（一）宏观经济发展基本平稳

2018 年，由于国内矿业和农业的减产、贸易伙伴国或投资来源国经济发展放缓，老挝经济发展速度有所放缓。但水电、基础设施、老中铁路和其他制造业仍然吸引了大量的外国直接投资，使全年经济运行保持适度的增

---

① “NA Session Closes with Hopes for a Brighter Future”, Vientiane Times, October 24, 2018, http://www.vientianetimes.org.la/sub-new/Previous_300/freeContent/FreeConten_NA300.php.

长。基普汇率保持稳定，通货膨胀得到有效控制。

2018 年，老挝国内生产总值（GDP）增长率为 6.47%，比上一年下降 0.38 个百分点。其中，服务业贡献率为 3.01%，工业贡献率为 2.70%，农业贡献率为 0.38%，税收和进口关税贡献率为 0.37%。全年 GDP 达到 1524250 亿基普，约 175 亿美元；人均 GDP 达到 2165 万基普，约 2599 美元。①

在老挝 GDP 的构成中，服务型产业所占比重日益上升，传统的第一产业和第二产业正逐渐被第三产业超越。2017 年，服务业增幅为 4.41%，2018 年，服务业较 2017 年增长 7.63%，服务业产值占 GDP 的 41.68%。② 批发零售、食宿和房地产开发、交通和教育、金融和保险及其他服务行业持续增长，在老挝经济发展中的地位越来越重要。2018 年，老挝工业增长 7.68%（2017 年为 11.68%），工业产值占 GDP 的 31.69%。其中，建筑业和制造业表现良好，由于中老铁路和大型水电站大坝的建设，建筑业显著增长，比上一年增长了 21.90%；纺织、服装、鞋帽等为主的制造业增长了 6.96%；而采矿和采石业下降了 0.28%。③ 2018 年的农业产值占 GDP 的 15.70%，增幅比上年略有下降。与 2017 年相比，渔业增长了 3.14%，家禽养殖业增长了 3.08%，农业和种植业增长了 2.51%，林业和伐木业略微减产，下降了 0.37%。④

2018 年整体的通货膨胀率达到 2.04%，较上年增长了 0.83%。与前几年相比，国内物价上涨趋势明显，尤其是进口商品和食品以及燃料价格的上涨。燃料除外的通胀率为 1.77%，比上年增加了 0.48%；新鲜食物除外的通胀率是 2.79%，比上年增加了 1.55%。⑤ 因此，国内物价的攀升主要原因

---

① Bank of Lao PDR, *Annual Economic Report 2018*, p.2, May 20, 2019, http://www.bol.gov.la/en/fileupload/20-05-2019_1558320515.pdf.

② Bank of Lao PDR, *Annual Economic Report 2018*, p.2, May 20, 2019, http://www.bol.gov.la/en/fileupload/20-05-2019_1558320515.pdf.

③ Bank of Lao PDR, *Annual Economic Report 2018*, p.3, May 20, 2019, http://www.bol.gov.la/en/fileupload/20-05-2019_1558320515.pdf.

④ Bank of Lao PDR, *Annual Economic Report 2018*, p.3, May 20, 2019, http://www.bol.gov.la/en/fileupload/20-05-2019_1558320515.pdf.

⑤ Bank of Lao PDR, *Annual Economic Report 2018*, p.4, May 20, 2019, http://www.bol.gov.la/en/fileupload/20-05-2019_1558320515.pdf.

是国内需求的扩大。

2018 年老挝进出口贸易均有显著增长，贸易总额同比增长 16%，达到 112 亿美元，其中出口同比增长 10.9%，达到 54 亿美元，进口同比增长 21%，达到 58 亿美元。[①] 近年来，老挝大米产量有所提高，在保证粮食安全的前提下，政府鼓励大米出口，尤其看重中国市场。2018 年前 10 个月的大米出口额为 2380 万美元，远远低于预期的 4556 万美元目标。[②] 据国际货币基金组织预测，2019 年老挝出口额将达到 58.4 亿美元，进口额将达到 88.2 亿美元，未来几年老挝的贸易赤字仍将扩大，对老挝国内汇率的稳定和外汇储备可能产生一定的影响。[③]

2018 年老挝经济特区建设持续推进，进展顺利，在吸引投资方面，2018 年共有 593 家公司投资老挝经济特区，其中老挝公司 89 家，外国公司 474 家，合资公司 29 家。在增加就业方面，经济特区创造了 8100 个就业岗位，6800 人为外国员工，1300 人为老挝员工。[④] 扩大对外贸易方面，2018 年经济特区进出口总额达到 6.79 亿美元，其中，出口额为 2.49 亿美元，进口额为 4.3 亿美元；进口商品以设备和原材料为主，出口商品包括电子器材、相机、服装等。[⑤]

---

① 《2018 年老挝进出口贸易额达 112 亿美元》，中华人民共和国驻老挝人民民主共和国大使馆经济商务参赞处，2019 年 4 月 2 日，http://la.mofcom.gov.cn/article/jmxw/201904/20190402849077.shtml。

② 《2018 年老挝大米出口额下跌》，中华人民共和国驻老挝人民民主共和国大使馆经济商务参赞处，2019 年 1 月 9 日，http://la.mofcom.gov.cn/article/jmxw/201901/20190102824799.shtml。

③ 《老挝贸易赤字率逐年上升》，中华人民共和国驻老挝人民民主共和国大使馆经济商务参赞处，2018 年 3 月 15 日，http://la.mofcom.gov.cn/article/jmxw/201803/20180302719659.shtml。

④ 《2018 年近 600 家公司投资老挝经济特区》，中华人民共和国驻老挝人民民主共和国大使馆经济商务参赞处，2019 年 1 月 18 日，http://la.mofcom.gov.cn/article/jmxw/201901/20190102827994.shtml。

⑤ 《2018 年老挝经济特区进出口总额达 6.79 亿美元》，中华人民共和国驻老挝人民民主共和国大使馆经济商务参赞处，2019 年 1 月 23 日，http://la.mofcom.gov.cn/article/jmxw/201901/20190 102829394.shtml。

（二）加大旅游业、水电业开发力度

旅游业是老挝第二大支柱性产业，特别是2000年以来，老挝游客数量、旅游业收入逐年递增。旅游业不仅加速了经济增长，而且为老挝当地人民创造了大量就业机会，同时，旅游业的发展带来了公路、酒店、餐厅及机场等基础设施及相关服务的改善。2018年是老挝旅游年，老挝政府希望通过举办“老挝旅游年”等活动完成吸引500万游客、创收9亿美元的目标。[①] 老挝政府采取多项措施，吸引外国游客，包括通过不同媒体平台推介旅游资讯，在包括东盟旅游论坛、柏林国际旅游交易会等活动上推介老挝旅游年；发掘各省旅游资源，举办各具特色的文化活动；简化游客签证、通关手续等，如2018年1月1日至12月31日，老挝单方面对持丹麦、挪威、芬兰和瑞典四国护照的游客实行免签证待遇，停留期不超过15天。[②] 2018年，老挝接待游客数量为446万人次，旅游收入近7.9亿美元。[③] 为老挝人民提供了11.4万份工作，预计到2028年将创造12.1万份工作。[④]

随着水电站项目的陆续建成和投产，水电业在老挝经济发展中的角色日益突出。截至2018年，老挝全国有61个电站实现发电，总装机容量7207兆瓦，其中，大中型水电站32座，15兆瓦以下小型水电站21座，燃煤电站1座，替代能源发电厂2家，太阳能发电厂5家。可满足国内需求并向泰国、越南、马来西亚、柬埔寨和缅甸出口富余电力。目前老方正与中方研究国家电网建设规划。老挝在建水电站36座。2019年老挝将建成12座水电

---

① 《老挝政府希吸引500万游客》，中华人民共和国驻老挝人民民主共和国大使馆经济商务参赞处，2019年5月31日，http：//la. mofcom. gov. cn/article/jmxw/201805/20180502750541. shtml。

② “Laos Announces Unilateral Visa Exemption for 4 European Countries”, Lao News Agency, January 2, 2018, http：//kpl. gov. la/En/Detail. aspx? id=30799.

③ Bank of Lao PDR, *Annual Economic Report 2018*, p. 37, May 20, 2019, http：//www. bol. gov. la/en/fileupload/20-05-2019_ 1558320515. pdf.

④ 《旅游业为老挝人民创造大量工作机会》，中华人民共和国驻老挝人民民主共和国大使馆经济商务参赞处，2018年5月30日，http：//la. mofcom. gov. cn/article/jmxw/201805/20180502749922. shtml。

站，总装机容量1950兆瓦，80%电力将出口泰国，剩余电力供应国内。①

随着湄公河干流水电开发项目的推进，老挝在区域内的水电资源优势日益突出。2018年初，沙耶武里水电项目的大坝工程已经完成90%，预计2019年可以全部建成投入发电。建成后的沙耶武里水电站总发电能力为1285兆瓦。② 目前，老挝能源领域的国际合作主要是水电项目开发和电力出口，泰国是老挝电力出口的主要市场。

（三）加快交通基础设施建设

在中老铁路建设不断推进的同时，老挝还加大了公路网的升级改造和建设力度。除了包括施工中的万荣至万象高速公路外，2018年老挝政府拟通过向亚洲基础设施投资银行（AIIB）、世界银行、北欧发展基金等机构贷款，加上老挝政府出资，融资1.28亿美元对13号国道进行升级改造，以满足日益增长的货物和客运需求。③ 同时启动万象至巴色的高速公路可行性研究，万象－巴色高速公路项目全长近600公里，包括四条3.5米宽的车道，总宽度为23米，道路将根据东盟1级高速公路标准建造。项目建成后，万象到巴色的行程将由原来10小时缩减到7小时。④

（四）立法严控政府债务

根据老挝国家银行的资料，截至2018年底，老挝未偿还外债累计达到

---

① 《老挝61个水电站已实现发电》，中华人民共和国驻老挝人民民主共和国大使馆经济商务参赞处，2018年11月30日，http://la.mofcom.gov.cn/article/jmxw/201811/20181102812184.shtml。

② "President Visits Under-construction Xayaboury Hydropower Project", Lao News Agency, February 19, 2018, http://kpl.gov.la/En/Detail.aspx?id=31933.

③ 《老挝政府计划筹资1.28亿美元对13号国道进行升级改造》，中华人民共和国驻老挝人民民主共和国大使馆经济商务参赞处，2018年2月11日，http://la.mofcom.gov.cn/article/jmxw/201802/20180202711579.shtml。

④ 《老挝将开展万象－巴色高速公路项目可行性研究》，中华人民共和国驻老挝人民民主共和国大使馆经济商务参赞处，2018年2月27日，http://la.mofcom.gov.cn/article/jmxw/201802/20180202715581.shtml。

97.62 亿美元，与上一年度相比，增长了 14.02%，约为 GDP 的 53.34%。其中，双边债务为63.77 亿美元，多边债务为17.71 亿美元。双边债务中，主要的债权国包括中国、泰国、俄罗斯和澳大利亚，老挝与它们的债务分别占53.5%、21.12%、4.2%和2%。老挝的多边债务约为17.71 亿美元，其中52.2%来自亚洲开发银行，35.8%来自世界银行。① 国际货币基金组织报告显示，近年来老挝政府的公共债务和公共担保债务率不断攀升，从2017 年的61.1%上升到2018 年的65.3%，2019 年预计债务率将达到65.9%，经济存在下行风险。②

对于公共债务问题，老挝拟通过立法予以控制。八届国会五次会议上，老挝副总理兼财政部部长宋迪向国会提交了关于公共债务的法律草案。根据该草案，国家对公共债务举行集中化管理，省级部门借款须按法律程序向计划投资部及财政部提交申请。该草案同时规定公共债务总额不得超过年收入的25%，约等于3.3 万亿基普或4 亿美元。③

（五）贫困问题和经济脆弱性仍有待克服

2018 年，老挝已有5100 个家庭摆脱贫困，虽然超过了预定的减贫目标，但是，老挝全国仍有64600 个家庭生活在贫困线以下，约占全国家庭总数的5.34%，全国148 个县中仍有23 个贫困县。④ 2018 年6 月，老挝政府总理通伦给国会的报告中指出，在2020 年前老挝很难从最不发达国家行列中“毕业”。最不发达国家的评定标准有三个：评估健康和教育目标的人力

---

① Bank of Lao PDR, *Annual Economic Report 2018*, p. 13, May 20, 2019, http://www.bol.gov.la/en/fileupload/20-05-2019_1558320515.pdf.

② 《老挝政府公共债务率逐年上升》，中华人民共和国驻老挝人民民主共和国大使馆经济商务参赞处，2018 年4 月10 日，http://la.mofcom.gov.cn/article/jmxw/201804/20180402730389.shtml。

③ 《老挝新法律设定公共债务不得超过财政收入的25%》，中华人民共和国驻老挝人民民主共和国大使馆经济商务参赞处，2018 年6 月19 日，http://la.mofcom.gov.cn/article/jmxw/201806/20180602756842.shtml。

④ “Gov't Earmarks 2.54 Trillion Kip for Poverty Reduction”, Lao News Agency, November 30, 2018, http://kpl.gov.la/En/Detail.aspx?id=41992.

资产指数（HAI）、经济脆弱性指数及人均国民收入（GNI）。老挝的HAI和人均GNI已达标，但是经济脆弱性指数尚未达标。联合国指出，如果老挝保持经济增速并在2021年达到上述指标，有望到2024年将老挝从最不发达国家名单中删除。①

三　外交：积极拓展双边、多边合作

2018年以来，老挝坚持和平、独立、友好和合作的外交路线和方针，积极作为、主动连通、扩展合作路径，保持与世界主要国家、政党、国际组织友好往来，主动发展双边关系，积极参与东盟、澜湄、GMS、CLMV等多边合作。截至2018年底，老挝与世界上的141个国家建立外交关系，在世界范围内设立了39个大使馆。成功的外交为推动老挝经济社会的发展、实施“陆锁国”向“陆联国”转变战略营造了良好的国际环境。

（一）积极参与东盟一体化建设

自1997年加入东盟以来，老挝与东盟保持良好的互动，认真履行成员国的义务，积极参与东盟事务。2018年11月，总理通伦·西苏里参加了以“理性和创新”为主题的第33届东盟峰会及其他会议，与东盟其他成员国共商建立理性的、创新性的东盟共同体，签署了包括智慧城市网络工作计划等在内的7份合作文件。②

2018年3月17～18日，老挝总理通伦·西苏里和外交部部长沙伦赛·贡玛西参加在悉尼举行的东盟－澳大利亚特别峰会，签署了加强东盟与澳大利亚反恐合作的谅解备忘录，双边将以此合作文件为基础，展开国际反恐合作。

① 《2020年前老挝很难从最不发达国家行列中毕业》，中华人民共和国驻老挝人民民主共和国大使馆经济商务参赞处，2018年6月13日，http：//la.mofcom.gov.cn/article/jmxw/201806/20180602755313.shtml。

② “PM Attends 33rd ASEAN Summit In Singapore”，Lao News Agency，November 14，2018，http：//kpl.gov.la/En/Detail.aspx？id＝40565.

（二）中老携手巩固命运共同体

1. 加强政治互信，落实战略对接

2018 年，两国坚定共建牢不可破的社会主义命运共同体目标，坚持两党关系对两国关系的政治引领，保持两党高层定期会晤，加强党建和治国理政经验交流；加强和推进各领域务实合作及“一带一路”框架下大项目合作，在国际和地区事务中密切协调和配合。

2018 年 5 月 30 日，中共中央总书记、国家主席习近平与老挝人民革命党中央总书记、国家主席本扬在北京举行会谈，双方聚焦中老命运共同体建设，深入交换了意见，双方就习近平提出推动命运共同体由理念转化为行动、由愿景转变为现实的五点建议达成共识，即通过加强战略沟通，深化务实合作，活跃人文交流和重视生态保护，推动中老命运共同体建设取得新成果，造福两国和两国人民。①

2018 年 11 月 4 日，中国国家主席习近平在会见出席首届中国国际进口博览会的老挝总理通伦·西苏里时，强调中老双方要因应形势的变化，密切战略沟通，优化和升级务实合作，继续推进以中老铁路为依托的中老经济走廊建设，携手推进澜沧江－湄公河合作。通伦·西苏里总理表示老方从共建“一带一路”合作中实际受益，老方愿同中方一道，巩固团结合作，加强协调配合，深化人民友谊。②

2. 经济技术合作不断深化

2018 年，中国和老挝的经济技术合作在多领域不断深化。

第一，贸易投资领域。2018 年上半年，老挝对华出口额达到 6.19 亿美元，中国已成为老挝第一大出口市场。老挝对华出口的商品主要有木材、矿

---

① 《习近平同老挝人民革命党中央总书记、国家主席本扬举行会谈》，中华人民共和国驻老挝人民民主共和国人民民主共和国大使馆，2018 年 5 月 30 日，http：//la. china-embassy. org/chn/zlgxdbwj/t1563982. htm。

② 《习近平会见老挝总理通伦》，中华人民共和国驻老挝人民民主共和国人民民主共和国大使馆，2018 年 11 月 4 日，http：//la. china-embassy. org/chn/zlgxdbwj/t1610055. htm。

物、橡胶及橡胶制品、铜及铜制品和化肥等。① 根据中国商务部国家合作司的统计，2018 年 1 ~8 月中国对老挝非金融类直接投资额达 9.9 亿美元，同比增长 30.3%，投资总额位居亚洲第二。截至 2018 年 8 月，中国对老挝投资超 100 亿美元。② 截至 2018 年 7 月末中国对老挝各类外派劳务人数达 23956 人，位居东盟第三，全球第十。③

第二，能源领域。截至 2018 年，中国投资建设的水电站中，有 9 座已建成投产、进入商业运营，有 10 个项目正在建设，同时中方还承担建设 8 个 230KV 和 500KV 输变电线路项目。在矿产领域，中国公司投资项目中有 52 个项目已进入开采阶段。④

第三，教育领域。2018 年 9 月 4 日，《中国政府援老挝铁道职业技术学院项目可行性考察会谈纪要》签字仪式在万象举行。该项目计划在首都万象帮助老挝建设一所全日制高等职业技术专科院校，为老挝培养专业的铁路人才。⑤

第四，科技合作领域。2018 年，中老科技合作进一步扩大。4 月，两国签署了一份知识产权领域合作谅解备忘录，据此，中国发明专利审查结果将得到老方的认可。⑥ 2018 年 2 月，中国北斗 + 导航 + 遥感时空信息服务“一

① 《中国已成为老挝第一大出口市场》，中华人民共和国驻老挝人民民主共和国大使馆经济商务参赞处，2018 年 10 月 30 日，http://la.mofcom.gov.cn/article/jmxw/201810/20181002800963.shtml。

② 《2018 年 1 ~8 月我对老挝非金融类直接投资位居亚洲第二》，中华人民共和国驻老挝人民民主共和国大使馆经济商务参赞处，2018 年 10 月 15 日，http://la.mofcom.gov.cn/article/jmxw/201810/20181002795549.shtml。

③ 《截止 2018 年 7 月末我对老挝外派劳务人数位居东盟第三》，中华人民共和国驻老挝人民民主共和国大使馆经济商务参赞处，2018 年 9 月 11 日，http://la.mofcom.gov.cn/article/jmxw/201809/20180902785300.shtml。

④ 《中老两国能矿领域合作前景广阔》，中华人民共和国驻老挝人民民主共和国大使馆经济商务参赞处，2018 年 2 月 5 日，http://la.mofcom.gov.cn/article/jmxw/201802/20180202708590.shtml。

⑤ 《王其辉参赞出席援老挝铁道职业技术学院项目可行性考察会谈纪要签字仪式》，中华人民共和国驻老挝人民民主共和国大使馆经济商务参赞处，2018 年 9 月 5 日，http://la.mofcom.gov.cn/article/jmxw/201809/20180902783194.shtml。

⑥ 《中老双方将在知识产权方面建立更密切联系》，中华人民共和国驻老挝人民民主共和国大使馆经济商务参赞处，2018 年 4 月 4 日，http://la.mofcom.gov.cn/article/jmxw/201804/20180402728235.shtml。

带一路”项目在老挝落地，包括老挝北斗卫星定位综合服务系统区域联网运营、成立老挝国家级无人机技术与标准中心、成立老挝国家级卫星遥感技术与标准中心等合作协议在万象签署。[①] 这是中国高科技服务“一带一路”倡议的典型案例，带动了老挝在高科技领域的人才培养和产业发展。

第五，信息通信领域。自 2016 年“老挝一号”卫星交付使用以来，中老合资老挝亚太卫星有限公司正式开展卫星通信、卫星电视和地面移动通信等业务，老挝通信信息业获得了长足发展。中国的“一带一路”倡议与老挝信息通信技术发展计划对接，将促进老挝从“陆锁国”转变为“陆联国”。2018 年，老挝将通过发展电信和互联网设施建设连接中国和东盟国家的“一带一路”数字高速传输网络，从而成为中南半岛的网络枢纽。[②]

3. 民生项目落地生根

2018 年 3 月 9 日，中国援老挝玛霍索综合医院项目实施协议签约仪式在老挝卫生部举行。该项目是中国政府迄今对外援建的建设规模最大、床位数最多、投资最大的医院之一。该项目将在现有院区内拆除部分老建筑后，新建一所 600 床规模的大型综合医院，总建筑面积约 54000 平方米。该项目建成后，玛霍索医院将成为全老挝基础设施最好、医疗设备最先进、科室功能最完善的综合性医院，可全天候为老挝人民提供现代化的医疗卫生服务，增进老挝人民福祉。该项目也将成为中老友谊的又一个历史见证。[③]

4. 文化交流深入开展

2018 年，老挝中国文化中心与老挝新闻文化旅游部及相关文化教育

---

① 《中国北斗高科技助力数字老挝建设》，澜沧江 - 湄公河合作，2018 年 2 月 8 日，http：//www. lmcchina. org/sbhz/t1533110. htm。

② 《老挝政府表示中国“一带一路”倡议促进老挝信息通信领域发展》，中华人民共和国驻老挝人民民主共和国大使馆经济商务参赞处，2018 年 2 月 8 日，http：//la. mofcom. gov. cn/article/jmxw/201802/20180202710096. shtml。

③ 《中国援老挝玛霍索综合医院项目实施协议顺利签署》，中华人民共和国驻老挝人民民主共和国大使馆经济商务参赞处，2018 年 3 月 12 日，http：//la. mofcom. gov. cn/article/jmxw/201803/20180302718687. shtml。

机构合作，顺利开展了一系列文化活动，文艺表演、讲座、展览和培训等活动，包括与老挝国立艺术学校、老挝国立美术学院共同举办的中国艺术表现力和中国画培训班，世界读书日活动。形式多样的文化展示和互动，有助于两国人民对彼此文化的认知，不断夯实两国人民传统友谊的基石。

（三）老挝与湄公河流域国家关系

1. 老挝与越南特殊关系

特殊关系是老越两国关系的传统，也是两国关系不断巩固和发展的主题。2018 年，老挝－越南政府间委员会举行了第 40 次和第 41 次会议。2018 年 2 月，老挝－越南政府间委员会第 40 次会议举行，双方签署了 12 项合作协议，其中包括共同投资开发越南永安港 1、2、3 号码头的合作协议、老挝 PT 独立有限公司和越南 PVP 公司合作开发琅勃拉邦一个水电站项目。6 月，第 41 次会议上，双方确定了 2019 年合作重点领域，包括政治、外交、国防和安全。[①] 2018 年两国经贸合作进一步密切，双边贸易额实现了 13% 的增长，达到 10 亿美元。截至 2018 年，越南在老挝投资累计达到 41 亿美元、共计 409 个项目，继续保持老挝第三大投资来源国的排位。[②]

2. 老挝与泰国关系

老挝和泰国经济合作广泛而深入，合作领域包括贸易、电力、基础设施、旅游、劳动力、边界、运输等。每年一次的老泰合作联合工作委员会会议为推动老泰合作提供了必要的机制保障，提供了良好的对话和沟通平台。2018 年 2 月，老泰合作联合工作委员会第 21 次会议在老挝南部占巴塞举行，双方回顾了两国在安全、经济和社会发展等方面的合作，高度评价了长

① "Lao, Vietnamese PMs Co-Chair Meeting of Inter-Governmental Committee", Lao News Agency, January 7, 2019, http://kpl.gov.la/En/Detail.aspx? id=42728.

② 《2018 年老挝与越南贸易额增长 13%》，中华人民共和国驻老挝人民民主共和国大使馆经济商务参赞处，2019 年 1 月 9 日，http://la.mofcom.gov.cn/article/jmxw/201901/20190102824801.shtml。

期以来两国共同培育传统关系。两国预期将在 2020 年完成陆地勘界工作、2021 年完成水上勘界工作。在禁毒工作方面，双方表示加强信息交换和对共同边界的巡逻，以严密监控和打击毒品犯罪。①

截至 2018 年 10 月，老泰双边贸易额达到 44 亿美元。老挝出口到泰国市场的商品主要是电力和农产品等，出口额为 16.5 亿美元；老挝从泰国进口的商品以机械设备、电子产品和燃油为主，进口额达 27.5 亿美元。② 泰国继续保持老挝第一大贸易伙伴地位。

3. 老挝与柬埔寨关系

2018 年，老挝与柬埔寨关系总体上保持平稳发展态势，两国劳动和社会福利部签署合作谅解备忘录，就技术课程，特别是劳动力和社会安全、社会福利等方面进行了经验交流。

老挝与柬埔寨共同边界线长 535 公里，双方对其中 14% 的线段仍有争议。2018 年 5 月 17 日，两国外交部长如约举行会晤，双方同意在各自外交部下设立部一级合作机制，以确保老柬边境地区的和平和安全，恢复双方正常的合作。③ 但在 2018 年 9 月，两国军队在有争议边境地区再次对峙。9 月 13 日，两国总理进行会谈后宣布各自撤军。为保证在问题得到最终解决之前有争议地区的和平，两国同意保证该区域无驻军、无民众和共同巡逻。④

4. 老挝与缅甸关系

2018 年 5 月和 8 月，缅甸总统吴廷觉和老挝国家主席本扬实现互访，老挝与缅甸关系进一步深化。两国元首在充分肯定双边关系的基础上达成共

① "Laos, Thailand Pledge Enhanced Cooperation", Lao News Agency, February 6, 2018, http://kpl.gov.la/En/Detail.aspx?id=31629.

② 《泰国持续成为老挝第一大贸易伙伴》，中华人民共和国驻老挝人民民主共和国大使馆经济商务参赞处，2019 年 1 月 3 日，http://la.mofcom.gov.cn/article/jmxw/201901/20190102823289.shtml。

③ "Lao, Cambodian Foreign Ministers Meet on Border Issues", Lao News Agency, May 17, 2018, http://kpl.gov.la/En/Detail.aspx?id=33789.

④ "Hun Sen Orders Troop Withdraw from Disputed Areas", Lao News Agency, September 17, 2018, http://kpl.gov.la/En/Detail.aspx?id=38935.

识，两国将进一步扩大合作领域，深化贸易、投资、教育和旅游、交通运输等领域的合作。① 应缅甸总统吴廷觉的邀请，老挝总理通伦·西苏里于2018年1月15~16日对缅甸进行正式访问。访问期间，通伦总理与吴廷觉总统讨论了加强双边友好合作、地区和平与安全、东盟各国合作、经济合作和社会发展等议题。双方签署了三项合作协议，涉及电力合作、科技合作和反腐败三个方面。② 老挝与缅甸于1955年7月建立外交关系，两国在贸易与投资、旅游、教育、电力和打击人口贩卖、跨境毒品走私等方面均有合作。

（四）老挝与美国关系

自2016年老挝与美国确立“全面伙伴”关系以来，美国表现出加强与老挝在投资、安全、国防等领域合作的意愿。2018年2月21~25日，美国国会两个高级代表团——众议院拨款委员会代表团和众议院司法委员会代表团访问老挝，老挝国会主席巴妮·雅陶都、副总理宋赛·西潘敦、财政部部长宋迪·隆迪和外交部部长沙伦赛·贡玛西分别会见了美国代表团。双方同意开辟路径，加强两国国会的联系，包括立法交流。2018年5月和10月，由副司令布莱恩·芬顿率领的美国太平洋司令部高级代表团和美国东亚及太平洋事务局副助理秘书沃尔特·道格拉斯先后到访老挝。芬顿强调美国太平洋司令部致力于与老挝政府一道继续推进双边关系，维护国内及地区安全和稳定。③ 沃尔特·道格拉斯在会见老挝时任能源矿产部部长通帕·因塔翁时，探讨了扩大美国对老挝高质量投资方式，强调开放、公平和透明的贸易和投资环境对印太战略的可持续发展来说意义重大。④

---

① “Lao, Myanmar Presidents Highly Value Their Bilateral Ties”, Vientiane Times, http://www.vientianetimes.org.la/FreeContent/FreeConten_Lao_myanmar182.htm.

② “Prime Minister Thongloun Visits Mynmar to Enhance Ties and Cooperaiton”, Lao News Agency, January 16, 2018, http://kpl.gov.la/En/Detail.aspx?id=31105.

③ “U.S. Pacific Command Deputy Commander Visits Lao P.D.R.”, Lao News Agency, May 14, 2018, http://kpl.gov.la/En/Detail.aspx?id=33678.

④ “Senior U.S. Official Meets with Lao Government on Indo-Pacific Strategy”, Lao News Agency, October 17, 2018, http://kpl.gov.la/En/Detail.aspx?id=39868.

（五）老挝与日本、澳大利亚的关系

1. 老挝与日本关系

老挝与日本长期保持良好的双边关系，日本每年为老挝提供近 1 亿美元的官方发展援助，支持老挝基础设施、人力资源、卫生和农业等领域的发展，双边贸易也呈逐年增长趋势。为加强两国战略伙伴关系，2018 年 4 月，日本外务大臣河野太郎对老挝进行了工作访问，访老期间，河野太郎表示，越来越多的日本公司有意投资老挝，在老挝农业、工业、手工业和服务业方面开展业务。根据老方统计，日本公司在老挝共投资 101 个项目，总值 1.58 亿美元。①

老挝与日本在多边合作机制中密切配合。2018 年 10 月，老挝总理通伦·西苏里出席“日本与湄公河流域国家峰会”。峰会期间，老挝总理通伦·西苏里与日本首相安倍晋三举行了会谈，双方高度评价了日湄合作框架下的双边合作，尤其是《东京战略 2015》和《东京战略 2016～2018 行动计划》的实施效果。两国领导人同意继续深化两国合作，并提升湄公河国家与日本的关系为战略伙伴关系。

2. 老挝与澳大利亚的关系

老挝总理通伦·西苏里于 3 月 17 日至 18 日出席在悉尼举行的东盟－澳大利亚特别峰会。在老澳双边会议上，两国政府领导人同意加强在农业、公共工程和运输、金融和人权等多领域的合作。截至 2018 年，澳大利亚公司在老挝的投资已达 1.35 亿美元，在老挝投资的 53 个国家中排名第 15 位。澳大利亚政府在包括教育、人力资源开发、清除未爆炸弹等多个领域向老挝提供援助，同时为老挝官员和学生提供奖学金。②

① 《老挝与日本加强战略伙伴关系》，中华人民共和国驻老挝人民民主共和国大使馆经济商务参赞处，2018 年 4 月 9 日，http://la.mofcom.gov.cn/article/jmxw/201804/20180402729841.shtml。

② 《老挝与澳大利亚加强多领域合作》，中华人民共和国驻老挝人民民主共和国大使馆经济商务参赞处，2018 年 3 月 20 日，http://la.mofcom.gov.cn/article/jmxw/201803/20180302720064.shtml。

四　老挝参与澜湄次区域合作情况

2018年，老挝在开展全方位外交与合作的同时，加大了对澜湄次区域合作的参与力度。从澜湄合作、大湄公河次区域合作、湄公河委员会，到柬老越发展三角区合作等次区域合作，老挝都积极参与，主动作为，为实现“陆锁国”向“陆联国”的转变创造了良好的外部环境。

（一）老挝对澜湄合作机制的参与

澜湄合作自2016年启动以来已经成为区域合作的典范，老挝在澜湄合作中主动作为，不仅与其他成员国共享澜湄合作的成果，而且与各方密切合作，积极推动合作。2018年是澜湄合作从培育期迈向成长期的关键阶段，在澜湄合作的关键阶段，老挝与中国担任共同主席国，显示了老挝在区域合作中的责任和担当。

2018年3月，老挝澜湄合作高官、老挝外交部经济司司长宋甘与中国澜湄合作相关负责人进行了积极的沟通和交流，包括与外交部亚洲司负责人和外交部部长在北京举行了工作磋商，讨论了澜湄合作的进一步发展，就中老关系和澜湄合作交换了意见。[①] 双方一致认为，中老作为共同主席国，将密切合作，认真落实澜湄合作第二次领导人会议共识，推动澜湄合作从培育期迈向成长期，共建澜湄国家命运共同体。

2018年12月，澜湄合作第八、第九次外交联合工作组会及第七次高官会在老挝琅勃拉邦成功举行，为外长会进行了充分准备。17日，澜湄合作第四次外长会在琅勃拉邦举行。老挝外交部部长沙伦赛·贡玛西和中国外交部部长王毅共同主持了会议。外长们确认了第三次领导人会议主题“提升伙伴关系、促进共同繁荣”和老挝方的徽标，相关主题和徽标可用于2018～

① 《外交部亚洲司负责人会见老挝澜湄合作高官》，澜沧江－湄公河合作，2018年3月6日，http://www.lmcchina.org/zyxw/t1540067.htm。

2020 年中国和老挝担任共同主席国期间的会议及其他活动。积极评价各方共同撰写的《〈澜湄合作五年行动计划〉2018 年度进展报告》。

在积极主办澜湄合作机制的例行会议的同时，老挝积极参与其他会议的举办。7 月 2 日，老挝新闻文化和旅游部与中国人民日报社共同主办了 2018 澜沧江－湄公河合作媒体峰会，会议主题是“民心相通、命运与共”。来自澜湄 6 国 40 家媒体代表集聚一堂，共谋发展，就深化媒体合作，进一步促进流域内国家民心相通达成共识。

2018 年，澜湄合作机制下的各类项目在老挝逐一落实。2018 年 1 月 2 日，驻老挝大使王文天同老挝外交部副部长坎葆共同签署澜湄合作专项基金老方项目协议。首批老方申请获批的澜湄合作专项基金项目正式落地。2018 年 6 月 6 日，全球湄公河研究中心（老挝中心）在老挝万象举行揭牌仪式。该中心的成立，将加强中国中心与老挝中心的合作、共同为澜湄合作提供智力支撑。[①] 湄公河研究中心（老挝中心）设置在老挝外交部外交学院，中心主任由外交学院院长担任，老挝中心除了设立附属委员会，还组建了一个综合委员会，成员来自外交学院、多个研究机构、大学及相关部门的研究人员和专家，以共同开展相关研究工作和活动。协调本国其他机构参与中心相关活动，也负责推动本国学术界与政界沟通。

（二）老挝参与 CLMV、ACMECS 合作机制

2018 年 6 月，第 9 次柬埔寨、老挝、缅甸、越南四国（CLMV）峰会和第 8 届伊洛瓦底江－湄南河－湄公河经济合作战略组织（ACMECS）峰会在泰国曼谷举行，老挝总理通伦·西苏里代表老挝参加会议。第 9 次 CLMV 峰会的主题是“更深入的经济融合和互联互通”，四国领导人一致同意通过推动和提升 CLMV 合作机制的效率和功能，缩小四国与东盟其他国家间的发展差距。为实现这一目标，四国重申将进一步深化合作、积极协调、全面推

① 《全球湄公河研究中心（老挝中心）揭牌仪式在万象成功举行》，全球湄公河研究中心，2018 年 9 月 13 日，http：//www. gcms. org. cn/cn/article/17。

进四国的经济联动和人民的互联互通，确定优先发展方向，包括加强基础设施互联互通，促进跨境货物和人员流动的便利化，促进跨境贸易、支持中小企业、简化四国之间游客的通行手续、吸引更多的游客到访四国等。与此同时，四国将加强信息技术和电信方面的合作，如推动跨境信息技术和电信的联通和服务，鼓励网上贸易、经济活动和社会文化交流，并在网络安全方面开展合作。① 第8届ACMECS峰会通过了《曼谷宣言》，成员国合力制定未来五年发展总规划，即以“2023年创建ACMECS互联互通”为愿景，在未来五年实现3大目标，即促进次区域无缝连接，加强基础设施建设和数字基础设施建设，连接能源网络；实现经济一体化，强调贸易与投资规则一致性，加强金融贸易合作；以可持续和创新的方式进行区域发展，着重开发人力资源和使用高新科技。② CLMV和ACMECS这两个合作机制成立以来，老挝一直积极支持和参与，力争通过这两个次区域的合作机制更好地融入地区一体化的进程。

（三）老挝参与柬老越发展三角区合作机制

2018年，柬老越发展三角区合作机制活跃，老挝积极参与。2018年1月15日，老挝、越南和柬埔寨三国的国防部长在万象会晤，会议由三国国防部长共同主持。部长们承诺以和平手段解决意外冲突事件，同意在三国共同边界合作打击跨国犯罪活动，包括打击走私、毒品犯罪、贩卖人口等。会议期间，老挝和柬埔寨国防部部长就敦促各自的边界勘定委员会加快两国间的勘界行动达成共识。③ 自2017年以来，老挝与柬埔寨在存在争议的边境地区发生对峙事件，此次防长会议所达成的共识，或许有助于敦促老柬双方保持克制、寻求积极的解决方案。

---

① “CLMV Narrows Gap with other ASEAN Nations”, CLMV, June 16, 2018, http://www.clmv.org/news/hello-world/.

② 《ACMECS峰会闭幕制定5年总体规划》，中华人民共和国驻泰王国大使馆经济商务参赞处，2018年6月20日，http://th.mofcom.gov.cn/article/jmxw/201806/20180602757021.shtml。

③ Indochinese Defence Ministers Agree to Further Enhance Trilateral Cooperation, Lao News Agency, January 17, 2018, http://kpl.gov.la/En/Detail.aspx?id=31155.

2018 年 3 月 31 日，在第十次柬老越发展三角区合作峰会上，老挝总理通伦与柬埔寨和越南总理共同签署了联合声明，重申将进一步深化全面合作，打造融合、可持续和繁荣的成长三角，共同促进东盟共同体 2025 年愿景的实现。联合声明充分肯定了三国之间友好、团结、好邻居和全面合作的关系，强调这一传统友好关系对各国的发展乃至区域的和平、稳定和繁荣意义重大。① 11 月 1 日，柬老越发展三角区合作第 11 次高官会议在越南德农省举行，会议重点评估了三国对特别优惠政策谅解备忘录和成长三角 2020 社会经济发展总计划的执行情况。②

在加强外交、经济、安全等领域合作的同时，三国的文化合作也迈出了新的一步。11 月 12 日，第一届柬老越三国佛教领袖会议在万象召开，会议以促进三国佛教界的传统关系、团结和合作为宗旨。会议签署了一份谅解备忘录，内容包括组织僧伽学生的交流、佛教相关的讲习班、展览、考察团以及学术交流等活动，从而促进佛教研究。③

（四）老挝对湄公河委员会的参与

湄公河水资源的开发与利用是老挝经济社会发展的支柱，老挝借助湄公河委员会这一平台，就本国的开发利用与邻国充分交流和沟通，以取得邻国的理解和支持。2018 年 4 月 5 日，湄公河委员会第三届峰会在柬埔寨暹粒举行。会议探讨进一步加强与东盟、澜沧江 - 湄公河合作、大湄公河次区域经济合作等机制的务实合作。会议发表了《暹粒宣言》，肯定了 2014 年第二届峰会以来取得的成果，并提出进一步加强合作的优先领域，重点之一就是加强区域机制合作。各成员国同意应用湄公河委员会议事程序，可持续、

① "Cambodia, Laos, VN Vow to Further Deepen Comprehensive Cooperation", VietnamPlus, March 31, 2018, https://en.vietnamplus.vn/cambodia-laos-vn-vow-to-further-deepen-comprehensive-cooperation/128825.vnp.

② "CLMV Senior Officials Enhance Cooperation", Lao News Agency, November 2, 2018, http://kpl.gov.la/En/Detail.aspx?id=18805.

③ "1st Cambodia-Laos-Vietnam Buddhist Leaders' Conference Held in Vientiane", Lao News Agency, November 13, 2018, http://kpl.gov.la/En/Detail.aspx?id=40538.

合理和平地利用湄公河水资源和其他资源，并认同加强湄公河委员会的职能，包括指导合作和为在区域内实现可持续开发目标制定特殊措施等职能。[①] 第三届峰会的主题是“共同努力、加强合作，实现湄公河流域可持续发展”。峰会的目标是成员国重申对 1995 年《湄公河协定》的承诺，保持湄公河委员会作为湄公河流域的政府间合作组织的独特性；肯定湄公河委员会在促进合作和跨境水资源管理问题等方面所取得的成就和贡献；肯定湄公河委员会在水资源管理和其他自然资源的可持续管理中的角色，以实现 2030 年可持续发展目标。[②] 老挝自然资源与环境部部长宋玛·奔舍那在峰会之前召开的部长级会议上表示，老挝一贯尊重 1995 年《湄公河协定》和遵守协定的相关内容，“老挝在湄公河支流的开发项目和所有干流水电站项目通过 PNPCA 程序（即告知、事前咨询和同意程序），这些项目都以全面的科学研究和接受成员国联合监测为基础。”[③] 他同时表示，老挝在湄公河水资源的开发利用时，遵循“一个湄公河一个精神”的理念，按照“满足需求保持平衡”的原则，致力于与邻国和谐相处。

① “MRC Leaders Affirm to Push Mekong Cooperation”, Lao News Agency, April 8, 2018, http://kpl. gov. la/En/Detail. aspx? id = 33052.

② “PM Thongloun to Attend 3rd MRC Summit in Cambodia”, Lao News Agency, April 3, 2018, http://kpl. gov. la/En/Detail. aspx? id = 32985.

③ “Laos Always Respects 1995 Mekong Agreement,” Minister, http://kpl. gov. la/En/Detail. aspx? id = 33014.

B.9 2018年缅甸形势及对澜沧江-湄公河合作的参与

翟卫伟　孟姿君*

摘　要： 2018年，缅甸国内政治形势总体平稳，民盟政府进一步推进体制机制调整，执政成果初现；继续推动国内民族和解，推动国内和平进程；加强经济宏观调控，注重改善民生；积极融入国际社会，罗兴亚难民问题持续发酵引发各界关注，美国和西方据此对缅不断施压，国内安全形势不容乐观。在这一年中，民盟政府继续重视对华关系，积极响应"一带一路"倡议和推动"中缅经济走廊"建设，同时继续积极参与澜沧江-湄公河和GMS等地区合作机制。

关键词： 缅甸　政治　经济　区域合作

一　政治形势总体平稳，民盟进一步夯实执政基础

2018年以来，杜昂山素季率领民盟执政团队，着力维系国内局势，执政成果初现，总体保持了政局的稳定有序。

其一，缅甸政府更换了总统，整个过程较为顺利。2018年3月21日，缅甸总统府宣布，总统吴廷觉因身体原因当天上午辞去职务，立即生效。

* 翟卫伟，云南大学公共管理学院研究生，主要研究方向为东南亚国家政府治理比较研究；孟姿君，云南大学缅甸研究院助理研究员，博士在读，主要研究方向为缅甸政治及中缅关系。

一些分析人士指出，吴廷觉请辞确实是健康原因，因为缅甸和周边国家媒体已多次报道他身体状况欠佳的消息。吴廷觉请辞一事似乎对外界而言比较意外，但是由于缅甸宪法对权力交接程序有着明确规定，因此，其请辞未对缅甸政局造成重大影响。就在吴廷觉宣布辞职后，缅甸联邦议会人民院主席吴温敏随即辞去主席职务，于23日当选副总统，3月28日当选新一任总统。在外界毫无察觉、国内无明显征兆的情况下，民盟政府此次更换总统动作迅速、井然有序、平稳过渡。吴温敏上任后，民盟政府继续保持由国务资政杜昂山素季主导的模式，其对内对外政策未有较大改变；缅甸国内政军的“二元”权力格局未受影响，“文官领政、文军共治”政局总体保持稳定。

其二，杜昂山素季率领下的民盟政府执政成果初现。不同于军人获得权力的方式，民盟政府依靠选票获得执政权力，因此也受到更多来自民众的期待和压力。就职当日，前总统吴廷觉就表示要将改善民生作为工作重点之一，随后的执政期间，政府先后成立了由总统等高级官员牵头的国家计划委员会、省邦计划委员会、私有化委员会、建设项目审核委员会、土地征用审核委员会等统筹协调委员会，以保证相关民生工作的顺利开展。2018年3月30日，现任总统吴温敏在就职演说中将提升民众生活水平作为施政要务，将其排在民族和解、修宪等目标之前，进一步凸显了民盟政府对民生工作的重视，并采取了具体措施，如缅甸最低工资委员会2018年1月2日宣布，缅甸工人每日最低工资从4000缅币提高到4800缅币（近4美元）① 等。2018年4月初，民盟政府总结执政2周年成果认为，缅政府创造性地实现稳定与改革，避免了局势混乱；政府与军方保持协商关系，开了“21世纪彬龙会议”政治对话的历史先河；加强了经济宏观调控，构建了良好管理体制，依法推进了反腐工作；注重农业发展与扶持中小企业发展，加大了卫生、教育、基础设施等领域投资力度等。杜昂山素季发表执政2周年演讲时

① 《缅甸出台最低工资标准》，《缅甸新光报》（缅文版）2018年1月3日，http：//www. moi. gov. mm/npe/mal/？ q = content/3 – Jan – 18。

亦强调，需尊重缅甸国情，以务实举措推动国家发展；需聚集各方力量，推动国家和平与民族和解进程。

其三，杜昂山素季率民盟政府为备战2020年大选而努力。随着民盟任期将至，距离2020年大选也越来越近了，缅甸国内各方势力暗流涌动。2018年6月23日至24日，民盟在仰光举行第二届全国代表大会。大会选举组建民盟第二届中央委员会并增补中央执行委员会委员，明确未来执政重点将致力于实现三大首要目标，即实现法治与提升人民生活水平、实现民族和解与国内和平、实现民主与修改《2008年宪法》，以实现赢取2020年大选胜利的战略目标。2019年6月12日，缅甸民盟发言人苗纽博士证实杜昂山素季和缅甸总统吴温敏都会参与2020年大选。缅甸目前已经不再苦苦地等待西方的援助，而是主动参与"一带一路"建设，经济不断发展，这使杜昂山素季有参与2020年大选的底气，而一直因为经济发展迟缓被诟病的民盟也将在这一次杜昂山素季转向中获得新的机会。

二 着力维护国内稳定和社会安全，但挑战与风险凸显

（一）继续推动国内民族和解进程

这一年来，民盟政府继续根据制定的和解方案和框架推进国内和平进程，并根据实际情况调整思路，民族和解取得一定进展。新孟邦党和拉祜民主联盟两支"民地武"在2018年2月签署《全国停火协议》，陆续签署该协议的少数民族地方武装组织增加到十支。

首先，成功举行第3次"21世纪彬龙会议"。2018年7月11日至16日，缅第3次"21世纪彬龙会议"在内比都举行，缅军政高层领导与各政党及少数民族地方武装组织代表等出席。其中，缅北7支少数民族地方武装组织代表以"特邀嘉宾"身份参会并获讨论权。会议期间，杜昂山素季、缅军总司令敏昂莱和副总司令梭温分别会见缅北7支少数民族地方武装组织代表，实现民盟执政以来缅军最高层与上述组织直接对话，并就重启当局与

缅北少数民族地方武装组织政治和谈达成共识。①

其次，继续推动与少数民族地方武装组织的和谈。2018 年 10 月 15 日至 16 日，缅政府、军方与已签《全国停火协议》的少数民族地方武装组织领导人在内比都举行首次会谈，讨论了立法权、不分裂联邦、民族自决权等议题。缅军总司令敏昂莱在会上表态，希望在 2020 年前完成和平进程。政府与军方在会上同意 11 月与未签停火协议的少数民族地方武装组织举行会谈。②

（二）若开问题持续发酵引关注

若开问题持续发酵，国际社会对此关注不减，在此问题上不断对民盟政府施加压力。一是敦促安置难民。尽管缅甸与孟加拉国 2018 年初签署协议，同意在 2 年内解决若开邦罗兴亚难民遣返安置问题并就此展开持续协商，缅政府成立多个机构负责若开邦重建等事务。但若开邦罗兴亚难民问题有着复杂的历史、民族和宗教背景，缅政府实施难民安置事务受到当地民众抵制而进展缓慢。对此，孟加拉国、美国、加拿大、澳大利亚、英国、欧盟、联合国和伊斯兰合作组织等常利用各种场合发声表态，敦促缅方杜绝若开邦暴力事件，营造必要条件加快推进罗兴亚难民返缅安置。二是指控侵犯人权。2018 年 4 月 20 日，美国国务院发布《2017 年度人权报告》，谴责缅方对罗兴亚人实施“种族清洗”。③ 8 月 27 日，联合国缅甸独立真相调查团发布“罗兴亚难民危机”调查报告，指责缅军方涉嫌“种族灭绝、危害人类和战争罪”。④ 此外，针对缅甸法院判处 2 名报道罗兴亚问题的“路透社”记者

① 庄北宁：《缅甸第三届 21 世纪彬龙会议闭幕　签署 14 项和平协议条款》，新华网，2018 年 7 月 16 日，http：//www. xinhuanet. com/2018 -07/16/c_ 1123134308. htm。

② 缅甸中文网讯：《历史性突破！缅甸政府、军方表决心，“北方联盟”树立场》，腾讯网，2018 年 10 月 18 日，https：//new. qq. com/rain/a/20181018A0HJCJ。

③ 《缅甸：不接受联合国“种族灭绝”罪的控告》，搜狐网，2018 年 8 月 29 日，https：//www. sohu. com/a/250709417_ 626685。

④ 《罗兴亚难民危机一周年——联合国事实调查团：缅甸军方涉嫌种族灭绝、危害人类和战争罪》，联合国新闻，https：//news. un. org/zh/story/2018/08/1016392。

7 年有期徒刑，美国和西方纷纷谴责缅方侵犯新闻自由权、公众获取信息权等，要求无条件释放。三是宣布实施制裁。2018 年 6 月 25 日，欧盟和加拿大宣布对缅军前西部军区司令貌貌梭少将等 7 名人员实施制裁，上述制裁对象包括缅军高官、边防部队官员和警察，涉嫌于 2017 年下半年间接或直接参与针对若开邦罗兴亚人的暴行等；制裁措施包括冻结资产和旅行限制等。[①] 2018 年 8 月 27 日，Facebook 网站查封缅军总司令敏昂莱等军方高级将领、军媒和机构的账户，称以防止缅军方人员和机构利用 Facebook 提供的服务加剧种族和宗教紧张局势。[②] 10 月 23 日，澳大利亚以侵犯人权、迫害若开邦罗兴亚人为由，宣布对缅军 5 名高级军官实施游禁令和经济制裁。[③]

（三）社会安全形势不容乐观，暴乱恐袭风险犹存

其一，若开邦民族矛盾隐患不断。首先，若开邦地区内种族矛盾不断被激化。缅政府落实若开邦罗兴亚难民安置工作引起国内民众不满，导致种族矛盾、宗教冲突加剧。2018 年 4 月 6 日，若开邦议会通过议案，要求联邦政府不得将罗兴亚难民遣返和安置在孟都县南部并反对在孟都县南部建设 8 个罗兴亚人村庄。4 月 24 日，缅联邦巩固与发展党发表声明谴责政府拟向罗兴亚人发放公民待查证一事，认为该做法将使国家安全与法治面临严重风险。5 月 13 日，缅甸若开邦近百民众举行游行示威，反对向罗兴亚难民发放“国民身份认证卡”。[④] 其次，若开邦局势出现了新的不稳定因素。若开族本就是缅甸的少数民族，2018 年 1 月 16 日，部分若开族人要求在若开王国的故都妙乌市举行纪念活动，遭到政府拒绝后，与军警产生了冲突酿成流

---

① 《美国支持欧盟和加拿大对缅甸的制裁》，搜狐网，2018 年 6 月 28 日，http：//www.sohu.com/a/237857304_626685。

② 《重磅！缅甸国防军总司令敏昂莱的 FACEBOOK 账户被封了》，〔缅甸〕《金凤凰报》2018 年 8 月 27 日，http：//www.mmgpmedia.com/local/28033 – facebook –4。

③ 果敢资讯网：《澳大利亚宣布对五名缅军高官实施制裁》，网易，2018 年 10 月 23 日，http：//dy.163.com/v2/article/detail/DUQSHL1C0515M9K0.html。

④ 果敢资讯网：《缅甸一周重点：2018 年 5 月 7 至 13 日》，网易，2018 年 5 月 14 日，http：//dy.163.com/v2/article/detail/DHQ8LPEL0515M9K0.html。

血事件。缅政府1月18日逮捕了在集会时发表演说的人民院议员吴埃貌（若开民族党前主席）。若开族与缅族矛盾的激化对于若开邦局势的稳定是雪上加霜。最后，虽然缅甸与孟加拉国积极协商难民遣返工作，并在2017年11月签署了罗兴亚难民自愿返回的协议，但是遣返工作并未有效开展，来自各方的阻力重重。

其二，毒品犯罪活动更加猖獗。缅政府指出，缅国内吸食毒品人数持续增多，且无有效治理办法，2018年以来涉毒案件有所增加。尤其是在缅北及中缅边境地区，涉毒案件更是多发。缅甸政府2018年1月18日缉获史上最大宗毒品，总估值高达5400万美元，相当于缅甸2017年全年缉获毒品价值的1/5。[①] 缅甸掸邦南部消息，勃窝自治区昔胜镇警长迪涵表示，2019年1月至5月内，警方在昔胜镇区查获的毒品量远远高出了前一年。2018年内昔胜警方破获的毒品案件中，一共查获了9000多粒麻黄素，而2019年5个月内，仅麻黄素就查获了18000多粒。[②]

其三，自然灾害时有发生。缅甸消防总会数据显示，2018年内缅甸全国范围内因天灾不可抗因素及意外，导致了总共1856起事故，44000多间房屋被毁，635人死亡，14万名左右的民众因自然灾害及意外陷入困境。

三　经济增长潜力与压力并存

世界银行发布的《缅甸经济观察》报告预测，由于政府加速改革和推进金融行业现代化，缅甸经济增长2019年有望达到6.7%。由于缅政府重视农业生产，发展制造业服务业，虽然经济发展仍存诸多不确定因素，但世界银行认为新一波的外国投资将进一步刺激缅甸经济发展。同时，缅甸通货膨胀率有望在2019年降至4.9%。对此，缅甸政府也进一步采取了系列措施。

---

① 王莉兰：《缅甸查获史上最大宗毒品 总值逾5000万美元》，环球网，2018年1月19日，https：//baijiahao. baidu. com/s? id = 1589980867923875826&wfr = spider&for = pc。

② 缅甸中文网讯：《缅甸警方破获一起毒品案竟牵出连环涉毒案，毒品一查就是几十亿》，齐鲁文化网，2019年8月29日，http：//www. sdci. com. cn/news/64130. html。

（一）加强政策宏观调控

2018年6月5日，缅政府任命民盟经济委员会成员吴梭温出任计划与财政部部长，政府办公室主任吴当吞出任投资委员会主席，并于6月16日发布命令改组缅甸投资委员会。缅甸投资委员会将实施一系列旨在减少繁文缛节并便利缅甸经商的变革；在优先事项中，将缩短企业向委员会提交提案的时间，并缩短批准提案和颁发新业务许可所需的时间。根据“缅甸投资法”，缅甸投资委员会有权审查新的商业计划书，审查时间长达60天，批准提交的计划需要30天，并且新公司获得开始运营的批文需要10天。缅甸投资委员会已承诺减少进行所有三个程序所需的天数。与此同时，公司将尽快把公司注册号码和税务登记号码结合起来，以便纳税。缅甸投资委员会还将加强和改进与政府部门之间的现行协调体系。2018年5月9日，缅甸经济与贸易部发布第25/2018号指示，允许外资独资和合资企业开展零售和批发业务。该指示称，此项自由化措施旨在促进零售和批发行业竞争，为消费者提供更多更好的选择。8月1日，缅甸政府2017年颁布的缅甸新公司法正式生效。新公司法旨在放开对外国公司的诸多限制，加大外资吸引力度，以促进国家经济发展。缅甸新公司法规定，所有在缅注册公司需在新公司法生效之日起6个月内重新完成注册；外国投资者最多可持有缅本土公司35%的股份，这有利于加强缅本土商人与外国投资者合作，促进更多外资进入缅甸。新公司法还允许外国人进入进出口行业、保险业和证券交易市场。此外，缅政府财政委员会年初调整了财年起算日期，将2018年10月1日至2019年9月30日定为2018～2019财年，将2018年4月1日至9月30日定为2018～2019年财年过渡时期。①

（二）注重吸引外资，加强对外经贸合作

一是加大对外招商引资力度。据缅投资委员会表示，由于若开邦罗兴亚

① 《缅甸调整财政年度起止时间》，《缅甸新光报》（缅文版）2018年1月11日，http://www.moi.gov.mm/npe/mal/?q=content/11-Jan-18。

问题，美西方国家近年赴缅投资力度明显下滑，未来几年将不会赴缅大规模投资；但亚洲国家赴缅投资兴趣未减。对此，缅政府有针对性地开展工作，吸引日本、韩国、中国和东盟国家等赴缅投资。其中，缅国务资政杜昂山素季在出席世界经济论坛东盟峰会时，呼吁外国投资商赴缅投资教育行业和农业领域，称缅致力于建设成一个以农业为基础的经济繁荣国家；其访日时呼吁日企积极赴缅投资，称缅新制定的外国投资法已生效，迪拉瓦经济特区也已建成，国内经商环境日臻成熟，2017 年日本在缅甸投资额再创新高，缅政府将继续改善投资环境。二是推动与中国“一带一路”框架合作。2018 年内，缅经济与贸易部发布消息称，中缅两国已就在“一带一路”倡议下中缅经济走廊计划中建设两国边境经济合作区达成共识。① 根据双方签署的谅解备忘录，初步选定克钦邦甘拜地和掸邦木姐、清水河口岸作为边境经济合作区。为使中缅边境经济合作区建设计划顺利实施，缅甸将在 2018 年向有兴趣的企业征集意向书。2018 年 10 月 22 日，中缅代表在内比都签署木姐－曼德勒铁路项目可行性研究备忘录。双方将启动该项目可行性研究，以期降低贸易运输成本，提升两国经贸合作。据悉，可行性研究为期 2 年，木姐－曼德勒铁路预计全长 431 千米，设计时速为每小时 160 千米。此外，中缅双方一直就皎漂经济特区协定进行谈判并已达成框架协议。② 缅计划与财政部副部长、皎漂经济特区管理委员会主席吴瑟昂表示，缅甸处于“一带一路”倡议的战略位置，缅甸若把握住机遇，国内基础设施建设将受益于“一带一路”倡议。③

（三）中缅经济走廊建设取得积极成效

2018 年以来，中缅经济走廊建设加速。自 2018 年 9 月 9 日，两国

① 刘子语、韩成圆、张莹琳：《中缅经济走廊建设不断推进》，《云南日报》2019 年 2 月 21 日，第 6 版，http：//yndaily. yunnan. cn/html/2019－02/21/content_ 1267100. htm？ div＝－1。

② 庄北宁、车宏亮：《中缅签署皎漂深水港项目框架协议》，新华网，2018 年 11 月 8 日，http：//www. xinhuanet. com//fortune/2018－11/08/c_ 1123686146. htm。

③ 庄北宁、车宏亮：《中缅签署皎漂深水港项目框架协议》，新华网，2018 年 11 月 8 日，http：//www. xinhuanet. com//fortune/2018－11/08/c_ 1123686146. htm。

政府签署关于中缅经济走廊的谅解备忘录后，中缅经济走廊联合委员会第一次会议于2018年9月11日在北京举行。在会上，中缅双方首先就中缅经济走廊合作理念及原则、联委会工作机制、早期收获项目、合作规划，以及推进重大合作项目等问题进行深入磋商，达成广泛共识，双方同意成立12个重点合作领域专项工作组。其次，缅方也对中缅经济走廊建设予以积极响应。2018年6月，缅甸投资委员会主席吴当吞在第3届“一带一路”高峰论坛上，主动介绍了仰光新城、仰光－伊洛瓦底项目及勃生工业城、新曼德勒度假城、曼德勒苗达工业园、木姐中央商务区5个中缅经济走廊大型项目。[①] 2018年12月7日，缅甸总统府发布通告，宣布成立由国家顾问杜昂山素季任主席的实施“一带一路”指导委员会，并表示缅甸愿积极参与“一带一路”建设，共同推进中缅经济走廊建设。[②] 再次，中缅经济走廊相关项目取得明显进展。2018年10月22日，《中缅木姐－曼德勒铁路项目可行性研究谅解备忘录》在缅甸内比都签署，随后于2019年初开始对木姐－曼德勒铁路进行前期实地勘测。2018年11月8日，《缅甸皎漂经济特区深水港项目建设框架协议》在缅甸内比都正式签署，这也标志着皎漂经济特区项目取得了实质性进展。最后，中缅边合区建设加速。2017年5月，中缅签署了《中国商务部与缅甸商务部关于建设中缅边境经济合作区的谅解备忘录》。在云南德宏傣族景颇族自治州的中缅边境合作区建设项目、保山市的“一线两园”项目等都在积极推进中，并取得一系列阶段性进展。

（四）经济增长总体向好，同时依然面临严峻挑战

一方面是经济增长前景较好。世界银行联合缅甸工商联合会共同发布《2017～2018财年（2017年4月1日至2018年3月31日）缅甸经济评估报

---

① 刘子语、韩成圆、张莹琳：《中缅经济走廊建设不断推进》，《云南日报》2019年2月21日，第6版，http：//yndaily. yunnan. cn/html/2019－02/21/content_ 1267100. htm? div = －1。

② 曹家宁：《缅甸成立实施“一带一路”指导委员会昂山素季任主席》，中国一带一路网，2018年12月8日，https：//www. yidaiyilu. gov. cn/xwzx/hwxw/74017. htm。

告》，认为该财年缅甸经济取得一定进步。其中，缅国内生产总值增长率达到6.4%，与2016～2017财年5.9%的增长率相比有所提高。① 亚洲开发银行发布《2018年亚洲发展前景报告》则预估缅农业领域发展状况将有所提升，工业领域将在2018年和2019年表现比较强势；2019年缅国内生产总值增长率将达到7.2%，通货膨胀率将进一步下降。缅甸投资委员会发布消息称，2018～2019财年过渡时期，缅共引进外商投资总额达16亿美元，缅本土投资总额达9740亿缅币；此外，缅大米出口107余万吨，创汇达3.71美元，成衣纺织品出口创汇达22亿美元，工业产品出口创汇与去年同期相比增加10亿美元。②

另一方面是经济增长依然面临严峻的挑战。缅政府发布的通货膨胀报告显示，由于缅币不断贬值，物价上涨严重，2018年前8个月缅国内平均通货膨胀率由年初的4.16%增至5.5%。缅计划与财政部预测缅2018～2019财年年均通货膨胀率为5.91%。此外，缅政府2018～2019财年向议会提出申请的财政预算资金总额达25000亿缅币，财政赤字预计将达到约5000亿缅币。对此，缅部分议员表示，缅财政赤字将达到历史新高。③

四　注重融入国际社会，发展与周边大国及东盟成员国关系

首先，民盟新政府注重巩固与周边大国邻国关系，争取获得更多支持，以便更好融入国际社会。2018年1月11日至13日，日本外相河野太郎率团访缅，向缅推介“自由开放的印太战略”并承诺对缅巩固民主体制、推进

---

① 甘若谷：《缅甸研究所舆情周报》，东盟购，2018年12月8日，http：//www.1668dm.com/focusing－on－asean/0528/1484.html。

② 《缅甸大米出口突破100万吨》，缅华网，2018年10月1日，https：//www.mhwmm.com/ch/NewsView.asp? ID＝33856。

③ 缅甸在线：《缅政府申请财政预算资金创历史新高引发争议》，百度贴吧，2018年8月15日，http：//tieba.baidu.com/p/5841288848。

和平进程、解决若开邦问题和在基础设施建设等方面提供大力支持与援助。[①] 1月24日至27日，缅甸国务资政杜昂山素季出访印度并出席东盟－印度对话关系25周年纪念峰会和印第69届共和国日纪念活动，以促进缅印关系，进一步推动各领域合作。5月10日至11日，印度外长斯瓦拉杰访缅，先后与杜昂山素季和缅军总司令敏昂莱举行会谈，双方同意开通缅印边境达木口岸。10月5日至10日，缅甸国务资政杜昂山素季出访日本并出席第10届“日本－湄公河流域国家峰会”。2018年内，缅甸民族院议长吴曼温凯丹、国务资政府部部长吴觉丁瑞和内政部部长觉瑞等先后访华，旨在密切与中方在各领域的交流合作。此外，缅甸总统吴温敏于8月28日至31日出访尼泊尔并出席第四届“环孟加拉湾多领域经济技术合作倡议组织”峰会。

其次，民盟政府仍然较为重视发展与区域内国家关系，不断深化与东盟成员国交流与合作。2018年1月15日至16日，老挝总理通伦·西苏里访缅，推动两国经贸合作深入发展。4月19日至20日，缅国务资政杜昂山素季首次出访越南，促进两国全面合作伙伴关系。4月28日，缅总统吴温敏在新加坡出席第32届东盟峰会并与泰国、越南总理和文莱苏丹举行会谈。6月14日至16日，吴温敏出访泰国并出席第8届伊洛瓦底江－湄南河－湄公河经济合作战略框架组织峰会和第9届柬埔寨－老挝－缅甸－越南峰会。8月19日至21日，杜昂山素季出访新加坡并发表题为“缅甸民主转型：挑战与前景”的演讲，阐述缅民主转型和民族和解进程、缅政府解决若开邦罗兴亚难民问题的努力、缅可持续发展战略和推动经济发展吸引外资投资等情况。[②]

五　缅甸参与澜湄合作和GMS合作机制情况

缅甸作为澜沧江－湄公河流域内重要国家，自2016年3月澜湄合作第

① 伊江树：《日本外相访问缅甸活动频繁》，缅华网，2018年1月17日，https://www.mhwmm.com/Ch/NewsView.asp?ID=28399。

② 《昂山素季光环再褪色爱丁堡将撤销荣誉奖》，2018年8月28日，缅华网，https://www.mhwmm.com/Ch/NewsView.asp?ID=33296。

一次领导人会议正式举行以来，一直积极参与澜湄合作机制，努力推动本国发展，为推动澜湄合作发挥了重要作用。缅甸澜湄合作协调机构主席吴钦埃表示，澜湄合作机制自建立以来，取得诸多成效，为缅甸发展带来了机会，也让越来越多的缅甸民众得到了切身实惠。

（一）中缅澜湄合作专项基金将促进澜湄合作取得更多成效

2018 年 1 月 5 日，中国与缅甸两国政府代表在内比都签署澜湄合作专项基金缅方项目协议。根据此次签署的协议，中方将资助缅方开展包括湄公河缅甸万崩港扩建可行性研究、水稻良种培育及优化种植、咖啡产量和质量提升、农村发展和蔬菜栽培技术转移、水果与蔬菜安全优质种植技术、推广家庭园艺技术促进减贫、青年文化交流以及遗产保护等 10 个项目，投入资金达 240 万美元。①

时任中国驻缅大使洪亮表示，中国政府高度重视澜湄次区域合作，澜湄合作专项基金缅方首批 10 个项目正式落地是澜湄合作框架下中缅合作的重要成果。中方愿同缅方密切配合，推进和落实相关合作项目，争取早日取得务实成果，希望与缅方在澜湄合作框架下开展更多合作项目。缅甸外交部常秘吴敏都表示，澜湄合作对于促进本地区发展繁荣和互联互通非常重要，相关机制建立以来取得了丰硕成果。今后缅方还将提出更多项目建议以寻求澜湄基金的资助和支持，让澜湄合作更好造福缅甸和本地区人民。②

（二）缅甸积极参与各项沟通协调机制

2018 年 1 月 10 日，缅甸副总统吴敏缓出席第二届澜湄合作领导人会议。本次会议在柬埔寨金边举行，主题是“和平和可持续发展我们的河流”。会议由柬埔寨总理洪森和中国国务院总理李克强联合主持，老挝总理

---

① 《中缅两国签署澜湄合作专项基金缅方项目协议》，《缅甸新光报》（缅文版）2018 年 1 月 6 日，http：//www. moi. gov. mm/npe/mal/？ q = content/6 – Jan – 18。

② 《中缅两国签署澜湄合作专项基金缅方项目协议》，《缅甸新光报》（缅文版）2018 年 1 月 6 日，http：//www. moi. gov. mm/npe/mal/？ q = content/6 – Jan – 18。

通伦·西苏里、泰国总理巴育、越南总理阮春福与缅甸副总统吴敏绥出席会议。吴敏瑞在讲话时称，缅甸将继续为强化湄公河各国关系、增强相互信任，以解决经济、社会和环境挑战、非传统挑战等。他还强调需要加强各国之间联系，以让湄公河地区成为一个“增长中心”。①

2018 年 3 月 30 日，副总统吴亨利班提优抵达越南河内参加第六届大湄公河次区域（GMS）峰会，并在会上致辞表示，GMS 国家以前依靠廉价的劳动力和自然资源来增长经济和提高收入，但现在这样的路径无法在像从前那样生机勃勃了，因此国家需要找到新的可持续发展路径。只有高素质的人力资源和技术发展能够助力“可持续发展目标（SDGs）”，缅甸经济政策集中于发展私有部门，以促进就业机会和 SDGs 增长。要同其他国家携手共进，缅甸需要基本的基础设施和建筑。②

2018 年 9 月 12 日，杜昂山素季出席了在越南举行的湄公河论坛，五国成员讨论了共同繁荣未来的愿景。③

2019 年 3 月 26 日，中国驻缅甸大使洪亮和缅甸国际合作部部长觉丁共同出席在内比都缅甸第二国际会议中心举行的庆祝“澜湄合作三周年暨 2019 年澜湄周”招待会。缅甸宣传部副部长昂腊吞、交通和通讯部副部长觉苗、社会福利和救济安置部副部长梭昂、自然资源和环境保护部副部长耶敏瑞、商务部副部长昂都、卫生和体育部副部长妙雷盛、议会人民院国际关系委员会主席佐登以及柬埔寨、老挝、泰国、越南等澜湄合作成员国驻缅甸大使或使馆代表、缅甸澜湄合作相关部门主管官员、议员代表、社会各界人士等近 300 人参加。④

① 《缅甸副总统吴敏绥出席第二届湄公 - 澜沧合作领导人会议》，《缅甸新光报》（缅文版）2018 年 1 月 11 日，http：//www. moi. gov. mm/npe/mal/？ q = content/11 – Jan – 18。

② 《副总统吴亨利班提优参加第六届大湄公河次区域（GMS）峰会》，《缅甸新光报》（缅文版）2018 年 3 月 31 日，http：//www. moi. gov. mm/npe/mal/？ q = content/31 – Mar – 18。

③ 越南人民军队网：《政府总理阮春福出席“湄公地区新愿景”讨论会》，越南人民军队报网，2018 年 9 月 13 日，https：//cn. qdnd. vn/cid – 6158/7234/nid – 553213. html。

④ 《中华人民共和国驻缅甸联邦共和国大使馆：庆祝“澜湄合作三周年暨 2019 年澜湄周”招待会在缅甸内比都举行》，中华人民共和国驻缅甸联邦共和国大使馆，2019 年 3 月 28 日，http：//mm. china – embassy. org/chn/sgxw/t1649215. htm。

（三）缅甸扩大与澜湄合作国家的多领域合作

副总统吴敏缓在内比都参加东盟绿色经济研究所（AIGE）组织与实施会议时强调，东盟国家人口超过6.3亿，为世界最大市场之一，也是世界贸易的重要支柱，AIGE将通过东盟成员国信息与经验交流共享，包括与发展合伙组织的合作，以建设绿色和清洁自然环境。①

应老挝公安部部长邀请，内政部部长觉瑞2018年3月18日从仰光乘机赴老挝万象访问。本次会面，双方将就双边安全、法治合作进行讨论。②

2018年4月3日，第五届中国云南-缅甸合作论坛在昆明举行，双方就拓展贸易投资、农业、交通基础设施、旅游、教育、文化、卫生、边境管理及安全等领域的互利合作进行了讨论，达成诸多共识。

2018年4月19~20日，应越南国家总理阮春福邀请，杜昂山素季前往越南访问。双方就双边近年来密切联系、积极合作，尤其是2017年8月建立“全方位双边合作关系”以来，双边不断增强在农业、交通、能源、通信、旅游和教育方面的合作。③

2018年10月9日，日本和湄公河沿岸的五个东南亚国家通过了一项新的三年战略，其中心是通过促进建设区域发展的“优质基础设施”来改善连通性。日本首相安倍晋三和柬埔寨、老挝、缅甸、泰国、越南领导人在“日本与湄公河流域国家首脑会议”上签署的文件也将人力资源开发和环境保护列为合作的主要支柱。关于地区安全问题，领导人重申他们致力于解决朝鲜核计划和导弹计划以及中国扩大南海军事影响力的紧张局势。根据“湄公河-日本合作2018年东京战略”，湄公河国家领导人欢迎日本实现“自由开放”印度太平洋的政策，旨在以规则和免费的方式促进该地区的稳

---

① 《副总统吴敏缓参加东盟绿色经济研究所组织与实施会议并致开幕词》，《缅甸新光报》（缅文版）2018年2月7日，http://www.moi.gov.mm/npe/mal/?q=content/7-Feb-18。

② 《内政部长觉瑞赴老挝万象访问》，《缅甸新光报》（缅文版）2018年3月19日，http://www.moi.gov.mm/npe/mal/?q=content/19-Mar-18。

③ 《杜昂山素季访问越南》，《缅甸新光报》（缅文版）2018年4月21日，http://www.moi.gov.mm/npe/mal/?q=content/21-Apr-18。

定、繁荣与贸易。[①]

2018年，缅甸民盟政府在政治经济外交等方面都取得成效，但依然面临诸多挑战及不确定因素。在剩下的任期内，内政方面，民盟政府可能继续保持政治局势的平稳，与军队和民族组织保持对话，缓和矛盾，化解敌意；经济方面，继续以经济建设为重心，改善民生，可以预见未来时间内，民盟政府将会花更多精力用于发展经济；外交方面，会坚持独立、中立、多边的外交原则，加强与包括中国、美国、印度、日本及东盟在内的友好国家的协商合作，在“罗兴亚人”问题上会与联合国加强合作，争取国际社会的援助和理解。缅甸政府接下来的工作中，应继续积极参与地区合作，利用澜沧江－湄公河、GMS等地区合作机制的助力，有效地促进缅甸经济的发展，为应对2020年大选做准备。

① 《湄公河沿岸东南亚国家与湄公河区域发展战略》，《缅甸新光报》（缅文版）2018年10月10日，http：//www. moi. gov. mm/npe/mal/？ q = content/10 – Oct – 18。

B.10

2018年泰国形势及对澜沧江－湄公河合作的参与*

邹春萌　李春迎**

摘　要： 2018年，泰国国内政治形势总体稳定，全国大选期限日益明朗，政党活动逐步正常化。军政府大力支持亲军政府的人民国家力量党，并出台多项惠民政策，以增加大选胜算的概率。在经济方面，2018年泰国经济稳步增长，对外贸易和外来投资均保持较快增长势头，旅游业遭受挫折但发展依旧强劲。外交方面，泰中关系继续深化发展，泰国与西方国家尤其是美国关系日趋好转，与周边国家积极开展稳定友好的合作关系。泰国积极参与澜湄合作，在安全、水资源、农业、医疗、跨境旅游等合作领域取得新进展。

关键词： 泰国　政治　经济　澜湄合作

2014年泰国军方发动政变彻底推翻英拉政府，陆军总司令巴育在没有通过民主选举的情况下接任泰国总理，这一系列变动曾使泰国政局陷入动荡。此后，巴育政府多措并举，泰国政局趋于稳定。2018年泰国政党活动

* 基金项目：本文是“2018年云南省哲学社会科学创新团队科研项目”（项目编号：CXTD2018025）的中期成果。

** 邹春萌，博士，云南大学周边外交研究中心研究员；李春迎，云南大学国际关系研究院2018级硕士研究生。

逐步正常化，大选期限日渐邻近，军政府积极为大选做准备。同时泰国经济持续向好，对外贸易和外商直接投资增长明显，旅游业表现强劲。在外交领域，中泰高层交流频繁，传统友谊进一步深化；泰国与西方国家的关系好转，与周边国家关系也稳定发展。2018 年，泰国仍积极参与澜湄合作，在联合巡逻、水资源、跨境旅游等合作领域取得新进展。

一　政治局势总体稳定

2018 年，泰国政治局势总体稳定，新一轮大选提上日程，大选时间逐步明朗。巴育政府出台多项惠民政策，以提高支持率，为大选做准备。由于政府放开政治活动限制，政党活动逐步恢复，他信集团卷土重来，以备战新一轮大选。

（一）大选期限渐趋明朗

泰国宪法规定，选举法须在经国王批准的 90 天后生效，而生效后的 150 天内必须举行大选。但至 2018 年 1 月底，泰国宪法特别委员会仍在对选举委员会成员的选拔标准和选举法内容进行修正，选举法的执行再次顺延，意味着大选时间也将推迟。此举不仅招致了为泰党的抗议，认为军政府故意推迟大选，为争取更多的准备时间，以确保在大选中获胜；而且违背了巴育总理曾向民众做出的最迟于 2018 年 11 月举行全国大选的承诺。这无疑损害了民众对巴育政府的支持与信任，并影响其在国际社会的声誉。

2018 年 9 月 12 日，《上议员产生法》和《下议员选举法》终于获得国王批准，加上已生效的《政党法》和《选举委员会法》，举行大选所需的四部宪法附属法均已完成立法程序。[1] 这些法律对军政府主要领导人赢得大选提供了制度上的保证，为军方在大选后继续掌控政权铺平了道路。2018 年

① 《泰国有关选举的最后两部宪法附属法获批》，新华网，2018 年 9 月 13 日，http：//www.xinhuanet. com/world/2018 –09/13/c_ 1123425655. htm。

12月11日，泰国选举委员会确定大选将于2019年2月24日举行。不过，巴育早前表示，大选能否如期举行还要视国内形势发展顺利与否而定。

（二）政党活动禁令逐步解除

2014年政变后不久，泰国国家和平与秩序委员会（NCPO）宣布禁止所有政治活动，禁止5人以上的政治集会，限制言论自由。2018年3月2日，泰国选举委员会开放新党登记。6月6日巴育表示，为了维护公共秩序的正常化，将根据具体情况慢慢解除政党活动禁令。[①] 政治活动正常化是大势所趋。泰国民意调查机构Super Poll于2018年9月的调查结果显示，高达85.1%的民众赞同泰国国家和平与秩序委员会解除政治活动禁令。[②] 美国与欧盟都希望泰国早日恢复政治活动且尽快举行大选。面对国内外双重压力，2018年12月11日，泰国国家和平与秩序委员会宣布解除政治活动禁令，所有政党可以参与竞选活动，宣传政纲。

（三）巴育政府积极备战大选

从2018年3月2日起，许多新党派开始注册，其中包括亲军政府的人民国家力量党。该党派得到了泰国副总理索姆基·贾图斯皮塔克（Somkid Jatusripitak）的支持。索姆基还与两名资深议员组建了名为“三盟友”（Three Allies）的政治团体，其目的是游说经验丰富的政界人士支持巴育。巴育也曾表示，如果他竞选总理，会选择人民国家力量党作为后盾。

为赢得更高的支持率，巴育军政府利用一系列经济项目来提高知名度。2017年10月，军政府开始向登记的低收入人群发放福利卡；2018年4月，内阁批准从6月1日开始增加63万名退伍军人的津贴和养老金；5月，内阁批准增加每月儿童抚养费补贴；8月，内阁批准为期3年的暂停农民债务

① 《巴育：仍不完全解封政治活动禁令》，泰国头条新闻，2018年6月6日，https：//www. thaiheadlines. com/20180606/428475. htm。

② 《民意调查：85.1%的民众赞同维稳会解除政治活动禁令》，泰国头条新闻，2018年9月17日，https：//www. thaiheadlines. com/20180917/546795. htm。

协议。此外，军政府根据人民的需求，推出“可持续发展”项目，以促进可持续发展，并在可持续发展的基础上解决民众问题。[①]

（四）他信集团加强行动力度

尽管他信和英拉依旧流亡海外，但他们背后的“为泰党”在2018年1月下旬开始加强行动力度，召开联合抗议活动，要求军政府尽快兑现承诺，不要把拟于11月举行的大选推迟到2019年。与此同时，2018年2月，曼谷小规模的游行示威此起彼伏，为他信集团卷土重来创造活动空间。曼谷当局对于他信集团的掌控能力仍旧有限，他信兄妹在海外非常活跃地配合此轮政治攻势，为国内支持者鼓劲造势。2月11日，英拉与他信首先在北京露面，13日又出现在香港。19日，兄妹两人又前往新加坡与家人和商界朋友见面。2018年5月29日，英拉正式获得英国10年长期居留签证，泰国政府缉拿其回国接受审判更为困难。7月31日，泰国政府正式向英国外交部递交文书，请求英国启动罪犯引渡协议，遣送英拉回国。但英国内政部表示，除非此人已经被捕，否则不会回应是否接到引渡要求。[②] 可见，他信兄妹还将继续在万里之外影响泰国政局。

二　经济发展势头持续向好

2018年泰国经济持续向好，上半年经济增速达到近年来的高峰值，下半年有所放缓，全年经济稳步增长，旅游业、对外贸易和外来投资均保持较快的增长速度。

（一）经济持续稳步增长

2018年泰国经济保持稳步增长。根据香港环亚经济数据有限公司

① Yoshifumi Tamada，“Thailand in 2018”，*Asian Survey*，Vol. 59，No. 1，p. 166.

② 《泰国要从英国引渡英拉　巴育：引渡是否成功取决于英方决定》，环球网，2018年8月1日，http：//world. huanqiu. com/exclusive/2018－08/12618799. html？ agt＝15425。

（CEIC）的统计数据，2018 年第一季度泰国 GDP 增长率为 4.95%，为 5 年来的最高水平。[①] 而在第二和第三季度，GDP 增长率分别降至 4.65% 和 3.17%，第四季度止跌回升为 3.71%，全年 GDP 实际增速为 4.1%，同比上升 0.1 个百分点。消费与投资的齐头并进是经济增长的主要原因。[②] 具体表现为，农产品产销两旺增加了农户收入，政府推出国家福利卡等惠民措施提升了贫困群体购买能力，国内投资带来就业水平上升也提高了民众的购买力。

2018 年，因能源价格上涨，泰国国内与能源相关的商品和服务价格不断攀升，主要农产品和加工食品的价格也有所上浮，导致泰国年通货膨胀率略有上扬，但整体仍维持在低通货膨胀水平。据统计，2018 年 5 月泰国通货膨胀指数达到 102.14，同比增长 1.49%。[③] 2018 年 11 月，泰国通货膨胀率已持续第 17 个月上升，同比上涨 0.94%，与 10 月相比下降 0.22%，12 月达到 0.36% 的最低点。2018 年全年泰国通货膨胀率上升 1.06%，仍在 3% 的可控范围内。[④]

泰国就业率一直维持较高水平，2018 年泰国失业率进一步下降。根据泰国商务部贸易经济指数局的数据，2018 年 5 月泰国的失业率为 1.2%，低于法国（9.2%）、英国（4.2%）、美国（3.9%）、中国（3.89%）、日本（2.5%）、马来西亚（3.3%）、新加坡（2.0%）。2018 年 12 月，泰国统计办事处公布的数据显示，全国失业人数为 34.9 万人，占全国劳动人口的 0.9%，较 2017 年同期减少 1.5 万人。在就业人口中，农业就业人口为 1243 万人，较上年的 1226 万人增加 17 万人，主要是甘蔗、橡胶种植业及奶牛、

① 《2018 年第一季度泰国经济增幅应为全年峰值，今年剩余季度将保持在 4.0% 以上的水平》，开泰研究中心，2018 年 5 月 21 日，https://www.kasikornresearch.com/ch/analysis/k－econ/economy/Pages/BB3742.aspx。

② 《2018 泰国 GDP 预计增长 4.5% 内需＋投资支撑其稳健攀升》，《泰国经济基础报》2018 年 11 月 8 日，http://www.thansettakij.com/content/401446。

③ 《泰国 5 月通货膨胀率增 1.49% 达 16 个月之最》，泰国头条新闻，2018 年 6 月 1 日，https://www.thaiheadlines.com/2018/0601/1019475/content_1019475.htm。

④ 《泰国 2018 年成绩单亮眼》，搜狐网，2019 年 3 月 14 日，http://www.sohu.com/a/301247914_100163592。

肉牛养殖业的就业人口增加；非农业就业人口为2544万人，同比增加51万人，主要源自公务员及国防业、建筑业、物流及仓储业、金融及保险业和其他服务行业就业人数的增加；而保健业、教育业、房地产业和批发零售业则是就业人数减少最多的行业。①

作为泰国经济发展的支柱产业，旅游业2018年发展成效举世瞩目。彭博新闻社公布的数据显示，2018年入境泰国的外国游客再创历史新高，达到前所未有的3800万人次，旅游业收入超过570亿美元，赶超日本，位居亚洲第一位、全球第四位，仅次于美国、西班牙和法国。当然，2018年泰国旅游业发展曾遭遇危机。7月5日，游船“凤凰号”在普吉岛外海翻覆，导致47名中国游客遇难。这起事故使中国游客拒游泰国。为吸引中国游客，泰国政府承诺提升旅游质量，加强安保措施，在机场设立中国游客快速通关窗口，向中国等21个国家和地区开放为期60天的落地签证免收费，提供线上申办电子签证服务。② 12月19日，泰国终于迎来第1000万名中国游客，中国赴泰旅游人数再度刷新纪录。

（二）进出口贸易保持较快增长

2018年泰国对外进出口保持增长势头。泰国商务部数据显示，2018年泰国对外贸易总额为5017.18亿美元，较2017年增长9.5%，其中出口额为2524.86亿美元，同比增长6.7%；进口额为2492.32亿美元，同比增长12.5%，贸易顺差为32.545亿美元。泰国官方认为，中美贸易摩擦带来的全球出口需求降温是泰国出口未能实现8%增长目标的主要原因。③

自2013年以来，中国一直是泰国第一大贸易伙伴。2018年中泰双边贸易额为801.4亿美元，增长8.7%。其中，泰国自中国进口额为499.6亿美元，

---

① 《去年12月泰国失业率达0.9%，比上年同期减少1.5万人》，〔泰国〕《世界日报》2019年1月16日，http://www.udnbkk.com/article-279098-1.html。

② 《2018年中国赴泰游客突破一千万人次》，央广网，2018年12月20日，http://travel.cnr.cn/list/20181220/t20181220_524456383.shtml。

③ 《泰国2018年出口偏离总目标，仅实现增6.7%》，搜狐网，2019年1月21日，http://www.sohu.com/a/290524594_181860。

增长12.9%，占其进口总额的20%；泰国向中国出口额为301.8亿美元，增长2.3%，占其出口总额的11.9%；泰方贸易逆差为197.8亿美元，增长33.9%。

日本和美国也是泰国的主要贸易伙伴。2018年泰国自日本和美国进口额分别为352.6亿美元和151亿美元，分别增长10%和2.1%，分别占泰国进口总额的14.1%和6.1%；泰国对日本和美国的出口额分别为249.4亿美元和280.2亿美元，分别增长13%和5.4%，合计占泰国出口总额的21%。泰国的贸易顺差主要来自美国。2018年泰美贸易顺差为125.7亿美元，增长9.3%。2018年，泰国的贸易逆差主要来自中国和日本，分别为205.3亿美元和107.2亿美元（详见表1）。

表1　2018年泰国与主要贸易伙伴进出口额

出口国家和地区	金额（百万美元）	增长率（%）	占比（%）	进口国家和地区	金额（百万美元）	增长率（%）	占比（%）
总值	252486.4	6.7	100	总值	249231.9	12.5	100
中国	30175.5	2.3	12.0	中国	49961.0	12.9	20.0
美国	28016.3	5.4	11.1	日本	35259.6	10.0	14.1
日本	24941.9	13.0	9.9	美国	15099.7	2.04	6.1
越南	12958.2	11.9	5.1	马来西亚	13349.9	15.3	5.4
中国香港	12523.6	1.8	5.0	阿联酋	10695.3	44.5	4.3
马来西亚	11626.7	12.4	4.6	韩国	8877.4	11.0	3.6
澳大利亚	10777.6	2.6	4.3	中国台湾	8622.9	5.9	3.5
印度尼西亚	10068.8	13.9	4.0	印度尼西亚	8045.4	10.1	3.2
新加坡	9416.3	13.6	3.7	新加坡	7695.7	-2.5	3.1
菲律宾	7897.7	13.7	3.1	沙特阿拉伯	7315.6	21.6	2.9
柬埔寨	7621.0	43.9	3.0	瑞士	6793.6	-5.5	2.7
印度	7600.3	17.3	3.0	德国	6757.7	11.3	2.7

资料来源：泰国商务部，http：//tradereport. moc. go. th/TradeThai. aspx。

从商品结构来看，泰国的主要出口商品是汽车产品、计算机产品和食品饮料等，2018年出口额分别为289.5亿美元、197.5亿美元和191.8亿美元，分别增长7.1%、6.8%和4.1%，这三类产品的出口总额占泰国出口总额的27%。成品油是泰国出口涨幅最大的商品，出口额达93.1亿美元，较2017年增长29.7%，占泰国出口总额的3.7%。进口方面，原油、机械设备及零部件、电器设备及零部件是泰国的主要进口商品，2018 年进口额分别为 277.9 亿美元、207.4 亿美元、191.4 亿美元，分别增长 48.0%、6.3%、10.6%，三类产品的进口额占泰国进口总额的 27.2%。此外，钢铁产品、计算机产品及零部件进口额分别为 134.3 亿美元、89.5 亿美元，增长幅度仅次于原油，增长率分别为 18.5%、19.2%，占泰国进口总额的 7.6%（具体见表 2）。

表 2　2018 年泰国主要进出口商品

出口商品	金额（百万美元）	增长率（%）	占比（%）	进口商品	金额（百万美元）	增长率（%）	占比（%）
汽车产品及零部件	28951.7	7.1	11.5	原油	27799.1	48.0	11.2
计算机产品及零部件	19751.6	6.8	7.8	机械设备及零部件	20738.81	6.3	8.3
食品饮料	19183.5	4.1	7.7	电器设备及零部件	19140.38	10.6	7.7
珠宝饰品	11977.9	-6.6	4.7	化工产品	16733.15	13.4	6.7
橡胶产品	11024.3	7.5	4.3	珠宝饰品	14936.69	4.4	5.7
塑料颗粒	10329.5	19.1	4.1	钢铁产品	13436.06	18.5	4.6
成品油	9315.7	29.7	3.7	汽车产品及零部件	11983.63	5.1	4.6
化工产品	9179.5	23.0	3.6	集成电路	11835.24	6.1	4.6
集成电路	8333.6	0.8	3.3	金属矿物与碎屑	9887.53	14.3	4.0
机械设备及零部件	8202.2	8.3	3.2	计算机产品及零部件	8954.59	19.2	3.0

资料来源：泰国商务部，http：//tradereport. moc. go. th/TradeThai. aspx。

（三）外来投资大幅增加

经历了以农业为支柱产业的“泰国 1.0”、重工业的“泰国 2.0”以及轻工业的“泰国3.0”之后，这个湄公河地区经济水平最高的国家制定了雄心勃勃的“泰国4.0”战略，即以创新驱动为主线的经济发展战略，目标是完成从中等收入国家到高收入国家的华丽蜕变。“东部经济走廊”便是泰国4.0战略下的核心项目，该项目规划在泰国东部沿海的北柳、春武里和罗勇3府大力发展基础设施，实行一系列投资优惠政策鼓励高附加值产业发展，这极大地吸引了外资企业赴泰投资。据泰国投资促进委员会（BOI）统计，2018年外商在泰投资项目共计1626个，同比增长3%，涉及投资额高达9017.70亿泰铢，同比攀升43%，来自海外的直接投资申请额增至上年的2倍。赴泰主要投资来源国和地区分别为日本、美国、中国和中国香港。2018年美国加大对泰国食品和汽车领域的投资，从而超过日本，成为泰国最大的投资国。位居第三的中国也在泰国的化工和数字领域扩大投资，投资规模直逼日本。①

2018年泰国BOI批准的投资申请项目大部分为高新技术产业，如数码产业、医疗卫生产业、环境友好型的塑料化工及化学品产业、工业机械及自动化产业、航空产业等，投资总值达5390亿泰铢；其余申请项目为传统产业，包括农产品加工业、生化科技行业、电器及电子行业、汽车及零配件行业、观光及食品加工业等，涉及投资额约2190亿泰铢。泰国的外来投资结构不断优化升级。②

泰国政府对东部沿海的东部经济走廊项目寄予了很高的期望。2018年5月1日，泰国政府颁布了一项法案，规定促进商业投资的激励措施，并取消了对外国投资的法律限制，例如减免机器进口税、免征用于研发的进口物品进口税以及减免企业所得税和红利税等。2018年落户在东部经济走廊地区的项目多达422个，总值6839.1亿泰铢。其中，获得申请项目数量最多的是春武里府，有193个，涉及投资额5769.1亿泰铢；其次是罗勇府，有156

① 李敏：《中国对泰国投资增长迅速》，国际在线，2019年3月2日，http://news.cri.cn/20190302/12ea252a－7c39－7fbf－2fc2－c16e63e968c9.html。

② 《2018年泰国投资促进委员会接受投资申请总额增长43%》，〔泰国〕《世界日报》2019年1月16日，http://www.ccpit.org/Contents/Channel_4114/2019/0116/1113491/content_1113491.htm。

个项目投资额为587亿泰铢；北柳府居第三位，项目数为73个，投资额为483亿泰铢。[①]

三 对外关系保持稳定发展

2018年泰国政府将中国视为其头号合作伙伴，泰中关系朝着互利共赢的方向深化发展；泰国与西方国家特别是美国关系进一步好转，与日本继续保持密切往来，日本也热衷于加大对泰国的投资，与中国开展竞争。泰国非常重视与周边国家关系，与柬老缅的友好合作关系稳步推进。

（一）中泰关系深入发展

2018年中泰高层互访交流频繁。1月7~8日，中共中央直属机关工作委员会常务副书记、中央办公厅副主任孟祥锋率中共代表团访问泰国，并出席中共十九大精神专题介绍会。泰国前总理、民主党党首阿披实，前国会主席、泰中经济文化协会会长颇钦出席会议。泰方盛赞中共十九大具有里程碑式意义，认为习近平总书记提出的构建人类命运共同体理念将对泰国及全世界产生深远影响，泰国政府将加深对中共十九大的了解，学习中国经验，积极探索符合本国国情的发展道路，以造福泰国人民。[②] 1月11日，李克强总理与泰国总理巴育在金边会见，双方表示希望加强“一带一路”倡议与泰国“东部经济走廊”等发展战略的对接，加强经贸、科技、旅游等领域合作，提升双边贸易便利化水平，更好地实现互利共赢。[③] 2月27日，在中泰关系论坛研讨会上，中国东盟商务理事会与泰中商务委员会签订合作备忘

① 《2018年泰国投资促进委员会接受投资申请总额增长43%》，〔泰国〕《世界日报》2019年1月16日，http://www.ccpit.org/Contents/Channel_4114/2019/0116/1113491/content_1113491.htm。

② 《吕健大使出席中共十九大专题介绍会》，中华人民共和国驻泰王国大使馆，2018年1月11日，https://www.fmprc.gov.cn/ce/ceth/chn/sgxw/t1524931.htm。

③ 《李克强会见泰国总理巴育》，新华网，2018年1月11日，http://www.xinhuanet.com/world/2018-01/11/c_1122243320.htm。

录，为两国企业合作搭建桥梁。① 3 月 30 日，王毅部长在越南河内出席大湄公河次区域经济合作（GMS）领导人会议期间会见泰国总理巴育，巴育表示愿与中方一道，推动中泰关系和中国－东盟关系迈上新的台阶。② 此外，王毅部长分别于 3 月 14 日、8 月 4 日、12 月 16 日会见了泰国外长敦・帕马威奈，双方希望深化全面战略合作伙伴关系，为澜湄合作和东盟－中国关系发展发挥积极建设性作用。③

2018 年中泰经贸合作稳中有进。2018 年，中资企业在泰国新签工程承包合同额为 28.6 亿美元，同比下降 23.2%；完成营业额 33.6 亿美元，同比下降 0.8%。截至 2018 年底，泰国累计对华实际投资额为 42.7 亿美元；中资企业在泰国累计签订工程承包合同额为 281 亿美元，完成营业额 218.1 亿美元。该年中国申请泰国投资优惠的项目数量为 131 个（占比 13%），涉及投资额 554.8 亿泰铢（占比 9.5%），同比增加 2.2 倍，中国成为泰国第三大投资来源国。④ 中国在汽配、电子、数字、机械和化工等领域和农业、服务业等行业对泰国的投资发展迅速。⑤

2018 年，泰国加强与中国领军电商企业的战略合作。4 月 19 日，马云率领阿里巴巴全球化领导小组在泰国总理府与泰国总理巴育举行会谈，正式签署为泰国东部经济走廊地区注入 110 亿泰铢的投资协议，兴建“柬老缅越泰中南半岛五国智能数字枢纽”，以推动泰国成为真正意义上的东南亚电商物流中心。⑥ 同时，为帮助泰国地方果农扩展销售渠道，实现创汇增收，

① 陈家宝、明大军：《中泰政商界人士：两国关系发展迎来重要机遇》，新华网，2018 年 2 月 28 日，http：//www. xinhuanet. com/world/2018－02/28/c_ 1122466029. htm。

② 王迪、闫建华：《王毅会见泰国总理巴育》，搜狐网，2018 年 3 月 31 日，http：//www. sohu. com/a/226854803_ 428290。

③ 《王毅会见泰国外长敦・帕马威奈》，中华网，2018 年 3 月 15 日，https：//news. china. com/internationalgd/10000166/20180315/32190648_ all. html。

④ 《2018 年 1～12 月中泰经贸数据》，中华人民共和国驻泰王国大使馆经济商务参赞处，2019 年 3 月 18 日，http：//th. mofcom. gov. cn/article/d/201903/20190302844012. shtml。

⑤ 《中国对泰国投资增长迅速》，国际在线，2019 年 3 月 2 日，http：//dy. 163. com/v2/article/detail/E992N0QQ 051497H3. html。

⑥ 《马云见泰国总理巴育，投 110 亿铢促泰国进入新时代》，泰联网，2018 年 4 月 21 日，http：//www. thailian wang. com/taihua/m16580/。

泰国商业部与阿里巴巴集团携手合作，制订了关于通过天猫购物网络平台扩展农产品贸易的计划。① 泰国旅游业也将通过阿里巴巴的平台谋划数字化转型，包括行前签证及落地签的申请和支付等方面。此外，京东集团与泰国零售巨头尚泰集团（Central Group）共同投资5亿美元成立了电商合资公司。2018年9月28日，双方正式推出泰国电商平台“JD CENTRAL”，共同开发电商海外新平台，推动泰国电子商务行业的迅速成长。

（二）泰美关系进一步好转

2014年泰国发生军事政变，对泰美关系造成严重影响，特朗普总统上台则给泰美关系带来重大转机，尤其是2017年泰国总理巴育访美后，泰美关系得到明显改善。

在高层互访方面，2018年4月21～27日应美国防部邀请，泰国副总理、国防部部长巴逸上将携代表团访问美国，共同商讨军事演习合作事宜，进一步加强双边合作。② 5月6日，巴逸协同军方代表查功提上将再次访美，参加美国中央情报局合作会议，共同商议联合打击人口贩卖及跨国犯罪事项。③

在军事演习方面，“金色眼镜蛇”（Cobra Gold）联合军演于2月13日在泰国罗勇府乌塔保海军机场正式开幕，泰国、美国、日本、韩国、新加坡、印度尼西亚、马来西亚等国均参加了这次联合军演。④ 4月28日，美海军与泰国进行“卫海”联合军事演习，以共同对抗敌方潜艇侵略。参加演习的美海军第七驱逐舰军官莱克斯·沃克上校说，美国和泰国是传统盟友，两国有义务确保相关海域的安全和稳定，“卫海”反潜演习的规模将越办越

① 《泰国商业部联手阿里巴巴减贫》，中华人民共和国驻泰王国大使馆经济商务参赞处，2018年11月28日，http://th.mofcom.gov.cn/article/zxhz/201811/20181102811269.shtml。

② 《泰国副总理巴逸21日访美，共商军事演习合作》，东博社，2018年4月20日，http://dy.163.com/v2/article/detail/DFRMP9G00512DAHC.html。

③ 《泰国副总理巴逸访美中情局 商议联合打击人口贩卖及跨国犯罪》，东博社，2018年5月7日，http://dy.163.com/v2/article/detail/DH7KUH1J0512DAHC.html。

④ 《“金色眼镜蛇”演习开幕 多国联军登陆场面宏大》，腾讯网，2018年2月18日，https://new.qq.com/omn/20180218/20180218A060C9.html#p=1。

大。两次海军演习表明两国关系进一步向好。[①]

在经贸合作方面，美国是泰国十分重要的贸易伙伴。2018 年泰国对美国出口额为 277.7 亿美元，增长 4.7%；自美国进口额为 152 亿美元，增长 1.2%。美国是泰国最大的贸易顺差来源国，2018 年顺差额为 125.7 亿美元，增长 9.3%。2018 年美国对泰国投资高达 3339.48 亿泰铢，首次超过日本成为泰国第一大投资国。[②] 虽受中美贸易摩擦的影响，但美国对泰国投资的突飞猛进在很大程度上说明泰国在东南亚地区的重要性及泰美关系的缓和。

（三）泰日关系互动密切

2018 年 5 月，泰国副总理巴逸与日本经济再生担当大臣茂木敏充会见，讨论《全面且先进的跨太平洋伙伴关系协定》（CPTPP）的推进方向。泰国商业部已组织有关专家评估泰国加入该协议的利害关系。

经贸方面，日本对泰投资热度有所下降，但两国贸易来往持续密切。日本一直以来是泰国第一大投资来源国，但 2018 年业绩平平，对泰国直接投资申请额为 744 亿泰铢（约合人民币 160 亿元），与上年相比大幅下降，位居第二，但投资项目数量却递增 7%。[③] 可见，日本对泰国投资已趋饱和，尤其是大企业大项目大规模的投资已告一段落，这是日本投资总额下降的主要原因之一。2018 年，泰日两国贸易额再创新高，贸易总额为 602.01 亿美元，同比增长 11.42 亿美元，泰国向日本出口 247.2 亿美元，同比增长 12%，进口 354.4 亿美元，同比增长 9.4%，贸易逆差为 103.18 亿美元。[④]

---

① 《盟友关系逐渐回暖？美泰海军举行联合反潜军演》，人民网，2018 年 4 月 28 日，http：//m.people.cn/n4/2018/0428/c1503－10903501.html。

② 《中国对泰国投资增长迅速》，网易号，2019 年 3 月 2 日，http：//dy.163.com/v2/article/detail/E992N0QQ051497H3.html。

③ 中国对泰国投资增长迅速》，网易号，2019 年 3 月 2 日，http：//dy.163.com/v2/article/detail/E992N0QQ051497H3.html。

④ 数据来源：泰国投资促进委员会，http：//th.mofcom.gov.cn/article/d/。

（四）与东盟国家关系持续发展

2018 年 10 月，泰国总理巴育出席东盟国家与国际组织领导人非正式会议，提出泰国方面的三点立场和态度：一是愿意促进地区和世界经济、金融的稳定性，促进连续性；二是大力提倡加强国家和地区的软件和硬件连接；三是强调促进经济发展，实现可持续性发展的目标。[①] 11 月 8 日，第 24 届东盟交通部长会议在曼谷召开，巴育总理呼吁东盟各成员国加强合作，发展区域无缝交通运输网络。[②] 11 月 15 日，泰国从新加坡手里接过象征东盟轮值主席国身份的木槌，宣布成为 2019 年东盟轮值主席国。2018 年泰国和东盟国家贸易总值突破 1130 亿美元，同比增长 13%，其中泰国出口额为 684 亿美元，自东盟国家进口额约 454 亿美元，东盟成为泰国首要贸易伙伴，占比高达 22.7%。[③]

泰柬关系。2 月 2 日，泰国巴育总理会见柬埔寨国会主席韩桑林，双方就进一步深化两国友好合作关系达成共识，希望加强政治、外交、经济、投资、贸易、旅游和文化等领域合作，保障在泰国务工的柬埔寨劳工的合法权益。4 月 5 日，巴育抵达柬埔寨与首相洪森举行会谈，双方认为应更加坚定不移地解决湄南河问题，加强经贸合作。柬方认为目前双方最重要的合作之一是泛亚铁路的修建，两国应联合起来为彼此带来最大化的利益与发展。据统计，2018 年泰柬双边贸易额达 83.89 亿美元，比 2017 年的 61.65 亿美元增长 36%。[④]

泰缅关系。2018 年是泰缅建交 70 周年。6 月 11 日，应泰国总理巴育的

---

① 《东盟与国际组织领导人峰会，巴育提 3 立场》，〔泰国〕《星暹日报》2018 年 10 月 12 日，http：//cari. gxu. edu. cn/info/1374/15840. htm。

② 《泰国总理呼吁东盟建立无缝交通运输网络》，人民网，2018 年 11 月 9 日，http：//yn. people. com. cn/n2/2018/1109/c372459 - 32262881. html。

③ 《AFTA 推动泰 - 东盟去年贸易增长 13%》，中华人民共和国驻泰王国大使馆经济商务参赞处，2019 年 3 月 18 日，http：//th. mofcom. gov. cn/article/haiguan/201903/20190302844003. shtml。

④ 《2018 年柬泰双边贸易额逾 83 亿美元》，《柬华日报》2019 年 1 月 24 日，http：//www. caexpo. org/html/2019/info_ 0124/232349. html。

邀请，缅甸总统吴温敏携妻子对泰进行友好访问，这是吴温敏上任以来首次出访外国。8 月 27 日，巴育致函杜昂山素季，就泰缅建交 70 周年表示庆贺，强调继续推进泰缅两国在多方面的合作与共同发展。据统计，2018 年泰缅双边贸易额为 70.40 亿美元，其中泰国对缅甸出口额为 46.28 亿美元，从缅甸进口额为 30.12 亿美元。①

泰老关系。12 月 14 日，泰国总理巴育在老挝首都万象与老挝总理通伦·西苏里举行会晤，出席第 3 届泰老内阁非正式联席会议，共同见证教育、电力、司法和交通等 7 份合作协议的签署，泰老关系持续向好发展。据统计，2018 年泰老双边贸易额为 67.38 亿美元，其中泰国自老挝进口额为 26.13 亿美元，向老挝出口额为 41.25 亿美元。②

四　泰国参与澜湄合作的进展

2018 年是澜湄合作开展的第三个年头。泰国积极参与澜湄合作，在次区域安全、水资源、农业、医药、跨境旅游等方面持续深化合作。

（一）参与合作会议

1 月 10 日，泰国总理巴育出席在柬埔寨金边举行的澜湄合作第二次领导人会议。此次会议取得了许多重要成果，发表了《澜湄合作五年行动计划（2018～2022）》和《澜湄合作第二次领导人会议金边宣言》，将“3＋5”合作框架升级为“3＋5＋X”合作框架，明确了澜湄合作机制未来的发展方向，即重点在水资源、产能、农业、人力资源、医疗卫生等领域开展合作，为促进本地区发展和六国人民福祉做出更大贡献。

3 月 20 日，泰国代表以及其他东盟国家代表出席了在北京举行的首届全球湄公河研究中心智库论坛，该论坛以“进入成长期的澜湄合作”为主

① 《2018 年泰缅双边贸易报告》，泰国商务部，2019 年 2 月 3 日，http：//www.moc.go.th。
② 《2018 年泰老双边贸易报告》，泰国商务部，2019 年 2 月 5 日，http：//www.moc.go.th。

题，就澜湄合作进展、经验及未来合作走向进行深入研讨。泰方表示，泰国将继续加强与其他国家的合作，发挥各自特长，优势互补，同时加强与地区机制的横向联系。①

3月29~31日，泰国总理巴育出席在越南河内召开的大湄公河次区域经济合作（GMS）第六次领导人会议，围绕“立足25周年合作，建设可持续、融合、繁荣的大湄公河次区域”的主题，总结了GMS成立25年来成就和经验，探讨了下一步合作方向。②

4月18日，中国驻泰国大使吕健和泰国商业部次长暖塔婉·沙坤达纳共同签署澜湄合作专项基金泰方首批项目合作协议，中方将资助泰方开展包括跨境经济特区联合发展、贸易和物流边境设施升级改造、澜湄商务论坛、次区域农村电子商务发展等4个项目。③

6月16日，泰国成功主办第8届伊洛瓦底江－湄南河－湄公河经济合作战略组织（ACMECS）峰会，会上通过了《曼谷宣言》，重点倡导无缝连接，实现经济一体化，促进湄公河次区域经济可持续发展。泰方提出制定首个次区域总体发展规划，以《2023年创建ACMECS互联互通》为愿景，对未来5年发展提供指导。泰方还提出成立ACMECS基金会，并率先提供一定数量的初始资金，以保证合作项目的顺利实施。④

7月2~3日，泰国民联厅副厅长塔萨妮·玹差妮参加在老挝首都万象举行的澜沧江－湄公河合作媒体峰会。澜湄6国的40家媒体代表就进一步深化媒体合作、促进民心相通深入研讨，提出在新的起点上携手合作，做澜湄合作的记录者、传播者、参与者和建设者，贯彻澜湄6国媒体共同的责任

---

① 《首届全球湄公河研究中心智库论坛在京召开》，新华网，2018年3月20日，http://www.xinhuanet.com/world/2018-03/11/c_1158373320.htm。

② 王迪、陶军：《大湄公河次区域经济合作第六次领导人会议在越南举行》，新华网，2018年3月29日，http://www.xinhuanet.com//world/2018-03/29/c_1122610023.htm。

③ 《中泰双方签署澜湄合作专项基金泰方首批项目合作协议》，新华网，2018年4月18日，http://baijiahao.baidu.com/s?id=1598095747802346199&wfr=spider&for=pc。

④ 《伊洛瓦底江－湄南河－湄公河经济合作战略组织峰会闭幕制定5年总体规划》，《曼谷商报》2018年6月20日，https://www.bangkokbiznews.com/news/detail/842116。

和使命。①

9月19日，中国驻清迈总领馆联合清迈大学和清莱皇太后大学在清迈共同举办“新时代、新起点”——第二届“一带一路”和澜湄合作国际研讨会。泰国枢密院大臣格森在会议上致辞，希望该会议成为泰中两国及澜湄国家专家学者为推动地区繁荣发展交流观点、探索方法的平台、企业家和投资者寻求合作机会的桥梁。会上，与会嘉宾从不同角度介绍他们对“一带一路”、澜湄合作以及中泰各领域务实合作等问题的看法和建议，高度评价“一带一路”建设取得的积极成果。②

12月17日，泰国外交部部长敦·帕玛威奈参加在老挝琅勃拉邦举行的第四次东盟外长会议，澜湄六国一致同意讨论共同构建澜湄流域经济发展带的具体方案，开展高质量产能合作，推动在教育、海关、卫生、青年等领域进行更深入合作，探讨促进澜湄地方合作的路径。③

（二）安全合作

2018年5月25日，中老缅泰四国执法部门圆满完成第70次湄公河联合巡逻执法行动。4国执法人员在金三角和老挝班相果、孟莫等重点水域开展联合公开查缉、联合走访、禁毒宣传等活动，有力震慑和打击了湄公河流域涉恐、走私等跨境违法犯罪行为。④ 11月21日，中老缅泰四国举办湄公河联合巡逻执法“守望2018”船艇阅兵暨水上联合反恐演练。此次演练全面展现了中老缅泰四国湄公河联合巡逻执法开展七年来的实际成效，有

---

① 《讲好澜湄合作的精彩故事——2018澜沧江—湄公河合作媒体峰会侧记》，《人民日报》（海外版）2018年7月4日，第2版。

② 《驻清迈总领馆举办第二届“一带一路”和澜湄合作国际研讨会》，网易号，2018年9月22日，http：//dy.163.com/v2/article/detail/DSAFA0CV0524BIU9.html。

③ 《澜湄合作第四次外长会联合新闻公报（全文）》，新华网，2018年12月17日，http：//www.xinhuanet.com/world/2018－12/17/c_1123866664.htm。

④ 《中老缅泰圆满完成第70次湄公河联合巡逻执法》，中国新闻网，2018年5月25日，http：//www.chinanews.com/gn/2018/05－25/8523030.shtml。

效维护了地区安全稳定。① 自四国启动联合巡逻执法以来，各方始终秉承“同舟共济、守望相助、包容并蓄、平等互利”的湄公河精神，联合打击各种跨国犯罪，取得了卓越成效。这是多国开展地区执法安全合作的成功典范。

（三）水资源合作

2018 年 10 月 11 日，中国驻泰国大使吕健和泰国自然资源与环境部次长威占在曼谷签署中泰澜湄合作专项基金水资源项目合作协议。澜湄合作因水而生、因水结缘，水资源合作是澜湄合作五大优先领域之一。中方已连续 16 年通过湄公河委员会主动向湄公河下游国家提供澜沧江汛期水文信息。这次签署的专项基金将促进澜沧江－湄公河流域提高农业灌溉水平和当地农民收入，各方正积极探讨商签“澜湄水资源合作五年行动计划”。②

（四）农业合作

2018 年 4 月 11 日，澜湄六国在云南德宏芒市举办第二届澜湄合作村长论坛，共商农业合作与乡村振兴事宜。会议发起成立澜沧江－湄公河村社发展联盟，发布《澜沧江－湄公河村社合作芒市倡议》，倡导绿色生产，加强标准认可和能力建设等。③ 7 月 17 ~20 日，泰国国家农业部和农业科研单位相关人员代表参加在云南省保山市举行的“第二届南亚东南亚农业科技创新研讨会”，参与探讨农业科技创新、大湄公河次区域农业科技交流合作，并考察了云南省农业科学院热经所芒果品种展示基地、种质资源圃等。④

① 《中老缅泰四国成功举行“守望－2018”联合反恐演练》，央广网，2018 年 11 月 22 日，http：//news. cnr. cn/native/city/20181122/t20181122_ 524422998. shtml。

② 王国安：《中泰签署澜湄合作专项基金水资源项目合作协议》，中新网，2018 年 10 月 12 日，http：//www. chinanews. com/gj/2018/10－12/8647721. shtml。

③ 胡远航：《澜湄合作村长论坛发布《芒市倡议》，新浪网，2018 年 4 月 11 日，http：//news. sina. com. cn/w/2018－04－11/doc－ifyuwqez9157113. shtml。

④ 《南亚东南亚农业科技创新研讨会在保山举行 助力高原特色现代农业》，新浪网，2018 年 7 月 20 日，http：//k. sina. com. cn/article_ 1718386617_ 666c7fb900100afes. html。

（五）医疗合作

2018 年 8 月 24 日，中泰经贸联委会在泰国曼谷召开第六次会议，双方围绕经济发展战略对接，就互联互通、贸易投资、金融、科技、航天、农业、旅游等领域加强合作进行深入交流和探讨，并签署了多份合作文件。会议期间，华大集团作为中国生物科技领域的领军者，与泰国朱拉蓬皇家学院、泰国东部经济走廊办公室正式宣布开展合作。三方将致力于打造泰国精准医学国家平台，促进泰国生物科技发展，带动泰国成为东南亚医疗中心，带领泰柬老缅越五国提高其医疗水平。①

（六）跨境旅游合作

2018 年 6 月 26～29 日，湄公河旅游论坛在泰国东北部那空拍侬府举行。泰国在论坛上提出，希望与湄公河流域其他国家共同推广佛教文化旅游。② 11 月 23 日，泰国驻广州总领馆总领事出席在三亚举办的澜湄国家旅游城市合作论坛，澜湄 6 国在旅游项目合作、城市间沟通机制、航线开通等 7 方面达成共识，形成了《旅游合作备忘录》草案。③ 12 月 17 日，中国云南省旅游投资有限公司与泰国清盛市政府、泰国新清盛集团公司（New Chiangaen Group Co.，Ltd）签订清盛港合作协议，携手促进湄公河流域旅游开发。④ 澜湄新型跨境旅游合作具有建设性意义，不仅可以促进区域内旅游行业的发展，也能推动区内成员和区外国家或地区的双边与多边旅游合作。

① 李晓萍、崔沂蒙：《中泰经贸联委会第六次会议在曼谷举行 签署多份合作文件》，国际在线，2018 年 8 月 25 日，http：//news. cri. cn/20180825/5378ce83－ddb2－96f2－395c－325e551e6327. html。

② 《泰国希望联合湄公河国家推广佛教文化旅游》，泰国头条新闻，2018 年 7 月 2 日，http：//www. thaiheadlines. com/2018/00702/12879125/content_ 3227625. htm。

③ 《2018 澜湄国家旅游城市合作论坛三亚开幕》，搜狐网，2018 年 11 月 23 日，https：//www. sohu. com/a/277405683_ 114731。

④ 《中泰携手促进湄公河流域旅游开发》，搜狐网，2018 年 12 月 18 日，http：//m. sohu. com/a/282696756_ 381560。

（七）人力资源合作

中泰双方已在包括高铁、航空航天、人工智能、物流管理等多个领域开展职业教育合作。2018 年 7 月，华为发布了针对东南亚的沃土计划。[①] 在该项目框架下，华为与多所泰国顶尖高校合作，帮助泰国在 5G、NB－IoT、AI 和大数据方面抢占先机，推动泰国数字经济的高速发展。截至 2018 年 7 月，有逾 3.7 万名中国学生在泰国学习，其中超过 2.7 万名中国学生在泰国留学，还有近 1700 名汉语教育志愿者为促进两国人民交流而前往泰国工作。[②] 截至 2018 年底，泰国共建有 14 所孔子学院和 11 个孔子课堂，为跨国人才的培养做出了巨大贡献。[③]

① 《华为发布东南亚沃土计划：赋能所有合作伙伴的“哥斯达黎加生态”》，搜狐新闻，2018 年 6 月 11 日，http：//www. sohu. com/a/235136663_ 117107。

② 《弘扬中泰传统友好关系　打造新型国际关系典范》，中华人民共和国驻泰王国大使馆，2018 年 7 月 4 日，http：//www. chinaembassy. or. th/chn/ztgx/t1573845. htm。

③ 数据来源：国家汉办驻泰国代表处，http：//www. hanbanthai. org/kongzixueyuan/。

B.11

2018年越南形势及对澜沧江－湄公河合作的参与*

毕世鸿　苏　蕾**

摘　要： 2018年是落实越共十二大决议和《2016～2020年国家经济社会发展计划》关键的一年，越南在政治、经济、外交等领域均取得进展。政治上，政府继续推进立法工作，完善社会主义法制体系，《全面与进步跨太平洋伙伴关系协定》获国会批准。经济上，越南经济成果显著，超额完成既定GDP目标，对外贸易创历史新高，互联互通合作深入展开，智慧城市建设稳步推进。对外积极开展多边外交，在东盟、亚太经合组织等区域合作中发挥积极作用。高度重视澜湄合作，积极建言献策，促进区域化的深入推进。

关键词： 越南　政治　经济　澜湄合作

2018年，越南原国家主席陈大光去世后，越南共产党中央总书记阮富

* 本报告为2017年度教育部哲学社会科学研究重大课题攻关项目"'一带一路'背景下中国特色周边外交理论与实践创新研究"（17JZD035）和国家社科基金特别委托项目（16@ZH009）的阶段性研究成果，且是"云南大学2018年度边疆治理与地缘政治学科（群）特区高端科研成果培育项目"（Z2018－04）、"云南大学一流大学建设周边外交研究理论创新高地项目"、"国家级高端智库与教育部新型智库培育建设（周边外交研究中心）项目"、"云南大学'一带一路'沿线国家综合数据库建设项目"（C176240101）的中期成果。

** 毕世鸿，云南大学周边外交研究中心/国际关系研究院教授；苏蕾，云南大学国际关系研究院2017级硕士研究生。

仲高票当选为国家主席。国会共审议通过16项法案，以促进社会主义市场经济发展，完善社会主义法制体系，继续推进反腐廉政建设。经济成绩亮眼，12项经济指标均圆满完成，GDP维持高位增长，通货膨胀率控制在合理区间，实现72亿美元贸易顺差。外交成果丰硕，越南切实推动东盟一体化进程，高度重视澜湄合作，与周边国家保持稳定互动，并加强与大国的联系。

一　政治发展呈现新态势

（一）选出新任国家主席

2018年9月21日，越南国家主席陈大光病逝。10月2日，越共中央委员会提名阮富仲为新一届国家主席人选。[①] 10月23日，在第十四届国会六次会议上，阮富仲获得477票中的476张赞成票成功当选。越南最高领导层长期“四马分权”，即分别由不同人选担任总书记、国家主席、总理和国会主席。随着阮富仲身兼两职，传统的“四驾马车”变为“三驾”，中央政权结构的这一改变，势必影响越南政坛的未来走向。

2018年是落实越共十二大决议的关键年，也是筹备越共第十三次全国代表大会的第一年。12月，越共十三大文件起草小组讨论编写《越南社会主义过渡时期国家建设纲领十年实施报告》。强调越共十三大文件必须成为全党、全民、全军集体智慧的结晶，充分发扬民主，秉承越共中央关于国家发展计划（近期至2021～2025年、中期至2030年、远期至2045年）的一贯政策。[②]

① 〔越南〕《越南第十四届国会第六次会议：阮富仲同志宣誓就任2016～2021年任期国家主席》，越南通讯社，2018年10月23日，https：//zh. vietnamplus. vn/越南第十四届国会第六次会议：阮富仲同志宣誓就任2016～2021年任期国家主席/87486. vnp。

② 〔越南〕《越共十三大文件起草小组常务委员会召开第一次会议》，越南通讯社，2018年12月6日，http：//zh. vietnamplus. vn/越共十三大文件起草小组常务委员会召开第一次会议/89353. vnp。

（二）聚焦海洋强国建设

2018年10月，越共中央委员会颁布《2030年越南海洋经济可持续发展战略，展望2045的决议》，旨在将越南建成海洋经济强国，加强沿海地区经济可持续发展，保护生物多样性，构建和谐的海洋生态系统。在工业4.0的时代背景下，推进海洋经济从资源集成型向技术集成型蜕变。预计到2030年，越南海洋行业对GDP贡献率将达到10%左右，28个沿海省市对GDP的贡献率将达到65%～70%。[①]

（三）完善社会主义法制体系

2018年，越南国会围绕发展国民经济、维护国防安全、加强人权保障、捍卫公民权利等议题，审议并通过了16项重要法案。6月，《网络安全法》《国防法》《举报法》《竞争法》等颁布。[②] 12月，《反腐败法》《保守国家秘密法》《特赦法》《人民公安法》《越南海警法》《高等教育法》《种植法》《畜牧法》也得以通过。[③] 另有11部新法生效，包括《刑法》《宗教信仰法》《公债管理法》《警卫法》《国家赔偿法》《技术转让法》《水利法》《铁路法》《信息获取法》等。其中，《宗教信仰法》扩大享受宗教信仰自由权的主体范围，为在越南合法居留的外国人参加宗教活动创造了条件。

（四）国会促改革谋发展

2018年，国会共通过13项重要决议，涉及财政、公共投资、海洋开发、

---

① 〔越南〕《越共十二届八中全会：全力推动改革创新，实现经济可持续发展》，越南通讯社，2018年10月8日，https：//zh. vietnamplus. vn/越共十二届八中全会：全力推动改革创新，实现经济可持续发展/86796. vnp。

② 〔越南〕《国家主席签署主席令七部法律主席令正式公布》，越南通讯社，2018年6月28日，http：//zh. vietnamplus. vn/国家主席签署主席令七部法律主席令正式公布/82315. vnp。

③ 〔越南〕《越南国家主席签署关于颁布九部法律的主席令正式公布》，越南通讯社，2018年12月11日，http：//zh. vietnamplus. vn/越南国家主席签署关于颁布九部法律的主席令正式公布/89549. vnp。

资产管理等诸多领域。具体包括：《关于2019年国民经济社会发展计划的决议》、《2019年国家财政预算》、《2019年中央财政预算分配》、《全面与进步跨太平洋伙伴关系协定》（CPTPP）、《2016～2020年中期公共投资计划调整的决议》、《调整2019年法律法令制定计划》、《责成政府制定至2045年国家土地使用战略》、《继续完善关于至2030年海洋经济可持续发展战略及展望2045年的机制及政策》、《关于批准2016年国家预算决算的决议》、《关于2019年国会监督计划的决议》、《关于〈2011～2016年国企股份制改革与企业中国资本与财产管理使用政策和法律〉专项监督工作结果的决议》、《关于质询和答复质询结果的决议》以及《关于成立2019年国会专项监督团的决议》等。

其中，CPTPP和《关于2019年国民经济社会发展计划的决议》值得关注。CPTPP于2019年1月1日正式生效，作为高质量、承诺水平高且全面的全新自由贸易协定，CPTPP形成覆盖5亿人口、占全球GDP比重约13%、占全球贸易额比重约14%的大市场，越南将更深层次地融入全球经济一体化进程。《关于2019年国民经济社会发展计划的决议》指明了2019年的四大核心任务，一是抑制通货膨胀，把预算赤字控制在3.6%以下；二是深入推进可持续减贫和社会福利等政策；三是切实推进外交工作，积极融入国际社会。四是严惩腐败分子，强化干部责任意识。①

（五）持续推进反腐工作

2018年，越共继续开展党内反腐工作，工作成果显著。从2014年至2018年6月，中央反腐败指导委员会组织31支检查团，对全国63个省、市的贪腐案件进行起诉、调查和审理，对840个党组织和58120名党员给予纪律处罚。② 严厉打击“卖官买官”现象，推动干部轮换制有序展开。开展信

① 〔越南〕《阮富仲：2019年要优先实施四大核心任务》，越南通讯社，2018年12月28日，http://zh.vietnamplus.vn/阮富仲：2019年要优先实施四大核心任务/90244.vnp。

② 〔越南〕《越共中央总书记阮富仲：让贪污腐败、浪费和官僚现象无藏身之地》，越南通讯社，2018年6月25日，https://zh.vietnamplus.vn/越共中央总书记阮富仲：让贪污腐败、浪费和官僚现象无藏身之地/82038.vnp。

息宣传工作改革，充分发挥媒体舆论的监督作用，及时公开案件处理结果，确保反腐败工作的公开透明。

二 经济社会发展稳步推进

2018 年，在中美贸易摩擦日趋激烈的国际形势下，越南积极落实《2016～2020 年国民经济发展规划》，宏观经济形势良好，完成或超额完成 12 项既定发展指标，GDP 维持高位增长，贸易增速明显，投资环境不断优化，互联互通建设持续推进。

（一）经济维持高位增长

2018 年，越南宏观经济表现良好，完成或超额完成 12 项既定指标。GDP 达 2450 亿美元，GDP 增速达 7.08%，人均 GDP 为 2587 美元，创历史新高。财政赤字达 3.67%，公共债务呈下降趋势。同年，接待国际旅客 1550 万人次，同比增长 19.9%。创新指数提升 2 位，在 126 个国家和地区中居第 45 位，可持续发展指数提升 11 位。[①] 这些成果为越南实现可持续发展，制定越共十三大规划创造了有利条件。

2018 年，越南对外贸易大幅度增长，对外贸易总额达 4820 亿美元，顺差高达 72 亿美元，较 2016 年增长近 4 倍。内资企业竞争力有所提升，内资出口增长率首次超过外企。出口总额达 2447.2 亿美元，同比增长 13.8%。其中，电子产品及零部件创汇最高，近 500 亿美元。共有 29 类商品出口额达到 10 亿美元以上，占全国出口总额的 91%。进口总额近 2375.1 亿美元，同比增长 11.5%，布料、计算机、电子产品和纺织品原料等商品的进口大幅增加。[②]

① 〔越南〕《2018 年越南经济的 3 个亮点》，越南通讯社，2018 年 12 月 23 日，https://zh.vietnamplus.vn/2018 年越南经济的 3 个亮点/90024.vnp。

② 〔越南〕《2018 年越南经济的四大亮点》，越南通讯社，2019 年 1 月 10 日，http://cn.dangcongsan.vn/news/2018 年越南经济的四大亮点/90706.vnp。

对外投资方面，2018 年，越南新批境外投资项目 149 个，投资总额近 3.8 亿美元，增资项目 35 个，增资额达 5600 万美元。在 38 个投资对象国中，越南对老挝投资额达 8150 万美元，占越南境外投资总额的 18.9%，其次是澳大利亚和美国，分别投资 5550 万美元和 5300 万美元，各占 12.8% 和 12.3%。在对外投资领域中，金融业位居第一，投资 1.05 亿美元，占比 24.5%；批发零售业和维修业 8290 万美元，占比 19.2%。①

在吸引外资方面，2018 年，越南吸引国际直接投资 55 亿美元，到位资金 191 亿美元，同比增长 9.1%。3046 个新项目获投资许可证，协议资金总额达 180 亿美元；增资项目 1170 个，增资额为 75 亿美元。外资主要流向加工制造业，共吸引外资 165.8 亿美元，占外资总额的 46.7%；房地产业排名第二，批发零售业排名第三。②

（二）中美贸易摩擦对越南的影响

中美贸易摩擦牵动着越南经济走向，据调查，越南大多受访者就中美贸易摩擦对越南的影响保持观望态度；17% 的受访者抱有乐观期待，认为其将受益于向该地区转移的贸易投资，9.6% 的受访者担心贸易摩擦将打乱地区供应链，甚至导致保护主义的滋生。③ 中美贸易摩擦对于越南而言，既是机遇也是挑战。

一方面，贸易摩擦加速新兴产业转移和外资投入。为规避贸易壁垒，部分企业从中国撤资并转向越南，富士康等大型跨国企业已在越南设厂。外资是越南社会总投资的重要补充，为越南劳动者提供就业机会，有利于调整劳动力结构和提高人力资源的素质。另一方面，贸易摩擦也存在扩大越南对华赤字，迟滞工业化进程的风险。随着企业对原材料、零配件和消

① 〔越南〕《2018 年越南境外投资总额达 4.32 多亿美元》，越南共产党电子报，2018 年 12 月 29 日，http://cn.dangcongsan.vn/news/2018 年越南境外投资总额达 4.32 多亿美元 - 509554.html。

② 〔越南〕《2018 年越南对外投资到位率创下新纪录》，越南通讯社，2018 年 12 月 27 日，https://zh.vietnamplus.vn/2018 年越南对外投资到位率创下新纪录/90210.vnp。

③ ZulHazmi, *The State of Southeast Asia: 2019 Survey Report*, YUSOF ISHAK Institute, p. 7.

费品进口的扩大，越南将不得不采取措施最大限度地削弱对华贸易赤字的影响。①

（三）关注民生和“三农”问题

2018 年，越南全国贫困率降至 5.35%，各贫困县的贫困户比例在 35% 以下，同比下降 1% ~1.3%。全国人均寿命为 73.4 岁，青年人口约为 2330 万人，占全国人口的 24.6%，较 2017 年减少 0.6%。2018 年，高中毕业率增加至 46.2%，青年文盲率迅速下降。②

2018 年是“三农”决议（26 号决议）实施的第十年，越南农业发展取得了突破性进展。农产品产量增长 3.76%，位居世界第 15 位。农产品出口超额完成目标，居东南亚第 2 位。新注册农业企业共 2200 家，同比增长 12%。新农村建设稳步推进，3069 个乡达到新农村建设标准，占全国乡镇总数的 43.02%，61 个县级单位被承认为完成新农村建设任务或达到新农村指标。

（四）加强互联互通建设

一是电力开发持续进行。2018 年，越南发电总功率为 4.8 万兆瓦，预计到 2030 年将增至 13 万兆瓦。越南新增三个 500 千伏电力线路建设工程，分别为广泽—永昂线、广泽—卵石坡线、卵石坡—波来古二线，越南国家输电总公司为投资方，投资总额 5.19 亿美元，力争于 2020 年竣工并投入运营，这将有效推动越南 2030 年实现 13 万兆瓦发电量的目标。③

二是智慧城市建设相继展开。2018 年 8 月，阮春福总理批准《2018 ~

① 《越南经济专家认为，中美贸易摩擦对越南及时机遇也是挑战，需妥善应对》，中国商务部，2018 年 5 月 3 日，http://www.mofcom.gov.cn/article/i/jyjl/j/201805/20180502739347.shtml。

② 〔越南〕《2018 年越南青年人口占全国人口的 24.6%》，越南通讯社，2018 年 12 月 29 日，https://zh.vietnamplus.vn/2018 年越南青年人口占全国人口的 24.6%/90258.vnp。

③ 〔越南〕《政府副总理郑廷勇批准兴建三个 500 千伏电力线路建设工程》，越南通讯社，2018 年 12 月 18 日，https://zh.vietnamplus.vn/政府副总理郑廷勇批准兴建三个 500 千伏电力线路建设工程/89847.vnp。

2025年阶段越南智慧城市可持续发展提案》，将河内、胡志明市、岘港、芹苴市列为核心城市，发挥辐射带动作用；逐步完善“智慧城市”的法律文件，在部分社区城市试点展开；建立智慧城市基础空间数据库，结合地理信息系统（GIS），对土地利用现状数据进行集成分析。①

三 全面推进双边多边外交

（一）大力推进多边外交

“主动、创新、高效”是越南2018年外交的核心词。2018年，越南多边外交迈出新步伐，在东盟、APEC等多边机制中建言献策，继续深化与美国、日本、印度等国的友好合作关系，并积极开展同中国、老挝、柬埔寨等周边国家的多层次互动。

1. 区域层面

（1）积极参与建设东盟三大共同体

一是强化东盟共识，共建政治安全共同体。政治上，越南开展共同体知识干部培训，将“有效管理原则”纳入部委能力建设，公务员培训参训率近80%。安全上，越南在东盟峰会、东盟国防部长会议、东盟禁毒合作部长级会议等场合，多次强调东盟在区域安全合作中的核心作用，呼吁各方保持克制，共同维系南海的和平与稳定。② 二是反对贸易保护，深化经济共同体建设。在贸易保护主义盛行的国际背景下，越南就保持经济一体化、投资贸易自由化做出强有力的承诺。9月，世界经济论坛东盟峰会在河内举行，越南提出优先数字对接、创设创业孵化园、构建东盟教育网、建立东盟移动

① 〔越南〕《至2025年越南将有智慧城市》，越南通讯社，2018年8月8日，https://zh.vietnamplus.vn/至2025年越南将有智慧城市/84079.vnp。

② 〔越南〕《越南外交部副部长阮国勇：第33届东盟峰会取得丰硕成果》，越南通讯社，2018年11月19日，https://zh.vietnamplus.vn/越南外交部副部长阮国勇：第33届东盟峰会取得丰硕成果/88582.vnp。

宽带收费标准等新倡议，主动参与“东盟智慧城市网络倡议”。[①] 三是完善政策规划，建设社会文化共同体。2018 年前 7 个月，54 个省、市已颁布推进社会文化共同体建设的相关行动计划（2016～2020）。越南要求加快恢复新加坡-东盟青年基金会，举办体育赛事和东盟青年奖学金计划，履行东盟应对气候变化的承诺。[②]

（2）建言献策，助推 APEC 发展

2018 年 11 月，在第 26 次 APEC 领导人会议上，阮春福提出建议。一是反对保护主义。指出 APEC 应在协调各方利益的基础上，继续建立亚太地区自由贸易区（FTAAP）。二是支持数字经济。尽快实施《APEC 跨境电子商务便利化框架》《APEC 互联网和数字经济路线图》，推进各国法律对接，为推动数字经济创造便利环境。三是全力支持 CPTPP。越南国会全票通过 CPTPP，充分体现出越南主动积极融入国际社会、支持自由贸易与投资的决心。[③]

（3）与欧盟经贸合作有进展

2018 年 10 月，欧洲委员会批准《越南与欧盟自由贸易协定》。11 月，在第 12 届亚欧首脑会议（ASEM）、全球绿色目标伙伴 2030 峰会（P4G）期间，越南与欧盟签署了《森林执法、施政与贸易自愿伙伴关系协议》，双方将共同解决非法伐木问题。[④] 经贸方面，2018 年，越欧贸易额为 621.1 亿美元，其中越南对欧出口额为 449.3 亿美元，占越南出口额的 20%。越南对

① 〔越南〕《WEF ASEAN2018：2018 世界经济论坛东盟峰会在河内开幕》，越南通讯社，2018 年 9 月 12 日，https：//zh. vietnamplus. vn/ WEF ASEAN2018：2018 世界经济论坛东盟峰会在河内开幕/85593. vnp。

② 〔越南〕《更新 2025 年东盟文化社会共同体总体计划的落实进度》，越南通讯社，2018 年 7 月 23 日，https：//zh. vietnamplus. vn/更新 2025 年东盟文化社会共同体总体计划的落实进度/83409. vnp。

③ 〔越南〕《阮春福圆满结束出席第 26 届亚太经合组织领导人会议活动》，越南通讯社，2018 年 11 月 19 日，https：//zh. vietnamplus. vn/阮春福圆满结束出席第 26 届亚太经合组织领导人会议活动/88587. vnp。

④ 〔越南〕《越南与欧盟签署〈森林执法、治理与贸易自由伙伴关系协定〉》，越南通讯社，2018 年 10 月 19 日，https：//zh. vietnamplus. vn/越南与欧盟签署《森林执法、治理与贸易自由伙伴关系协定》/87330. vnp。

欧贸易顺差达277.5亿美元。同年，欧洲国家对越南投资近500亿美元，共3300个项目，涵盖基建、教育、环保等领域。[①]

2. 次区域层面

（1）高度重视并积极推动澜湄合作

2018年，越南积极参与澜湄合作进程。1月，阮春福赴柬埔寨出席第二届湄澜合作领导人会议，并和与会各国领导人共同发表了《金边宣言》和《湄澜合作五年行动计划（2018～2022）》两份文件。会上，阮春福强调需要重视湄公河水源的可持续开放，加强水文气象数据信息共享，联合应对干旱洪涝灾害。阮春福还建议各国应顺应第四次工业革命浪潮，切实推进次区域工业化进程，重视基础设施建设和人才培养，以创造更多就业机会。12月17日，澜湄合作第四次外长会议在老挝琅勃拉邦举行，各国外长一致同意促进国家发展战略对接，充分利用各种资源和竞争优势，优化生产要素，就打造湄澜流域经济发展带，致力于各方共同利益与繁荣展开讨论。范平明在会上提议，湄澜合作初期应优先开展互联互通、产能、跨境经济、水资源和农业减贫五方面的合作，并加强与大湄公河次区域合作机制、东盟及湄公河委员会等机制间的协调配合。[②]

（2）积极参与大湄公河次区域经济合作

2018年3月，大湄公河次区域经济合作（GMS）第六次领导人会议在河内召开，会议通过签署三项重要合作文件提出了中期合作计划的大方向，及启动GMS长期合作的制定进程。三项重要文件包括《GMS联合宣言》《河内行动计划（2018～2022）》《2022年次区域投资框架》，并发布投资高达660亿美元的220个项目名录。会上，阮春福表示，为吸引发展伙伴尤其是私营部门的广泛参与，越南提倡举行首届GMS商务论坛。此外提出几点

① 〔越南〕《越南加强与欧洲地区各伙伴的对接》，越南通讯社，2019年3月5日，https：//zh. vietnamplus. vn/越南加强与欧洲地区各伙伴的对接/92836. vnp。

② 〔越南〕《范平明：澜湄地区各项目须具有包容性并未各国带来共同利益》，越南通讯社，2018年12月17日，https：//zh. vietnamplus. vn/范平明：澜湄地区各项目须具有包容性并未各国带来共同利益/89792. vnp。

GMS 未来合作方向：一是在工程设计和建设中融合绿色环保理念，建设“高质量、绿色、智能”的基础设施。二是确保财政的可持续性。三是最大限度地发挥多式联运的整体优势，提高次区域运输效率。四是注重电信通讯和能源对接，提高资源利用效率和提高生产经营效果。①

（3）其他次区域合作

2018 年 3 月，第 10 次柬老越发展三角区合作峰会（CLV－10）在河内召开，会议审查了《柬老越区域经济社会发展总体规划（2010～2020 年）》的执行情况。阮春福提议应加强柬老越发展三角区与东盟总体规划的对接。② 4 月，阮春福参加第三届湄委会峰会并强调，应重点推进水资源的合理开发与利用。6 月，在第八届伊洛瓦底江、湄南河及湄公河经济合作战略组织（ACMECS）峰会期间，与会各方就《曼谷宣言》《2019～2023 年 ACMECS 总体规划》达成共识。阮春福提议应力争 ACMECS 成员国相关项目实现对接。同月，在第九届柬老缅越合作峰会上，阮春福建议各方要注重基础设施软联通、农业、旅游、人力资源培训等领域合作，建立中长期的合作战略。③

（二）重视对主要国家的双边关系

1. 越美关系

2018 年，越美全面伙伴关系取得了实质性进展。1 月，美国国防部长蒂勒森访越，两国代表深入探讨在经贸、防务、人道主义援助等领域的合作。经贸领域，美国成为越南的重要合作伙伴。在《美越贸易投资框架协议》

① 〔越南〕《越南政府总理阮春福在大湄公河次区域合作第六次领导人会议上发表重要讲话》，越南通讯社，2018 年 3 月 31 日，https：//zh. vietnamplus. vn/越南政府总理阮春福在大湄公河次区域合作第六次领导人会议上发表重要讲话/78412. vnp。

② 〔越南〕《GMS－6 和 CLV－10 峰会：GMS－6 通过六国宣言》，越南通讯社，2018 年 4 月 1 日，https：//zh. vietnamplus. vn/GMS－6 和 CLV－10 峰会：GMS－6 通过六国宣言/78436. vnp。

③ 〔越南〕《越南政府总理阮春福圆满结束 ACMECS/CLMV 两峰会之行》，越南通讯社，2018 年 6 月 16 日，https：//zh. vietnamplus. vn/越南政府总理阮春福圆满结束 ACMECS/CLMV 两峰会之行/81685. vnp。

的驱动下，越美贸易总额达600亿美元，较2000年扩大了34倍，美国对越南出口额同比增长37%，创历史新高。防务领域，3月，美国“卡尔文森号”航空母舰首次访越，将海上能力建设、处理战争遗留后果列为核心议题。5月，双方签署边和机场橙毒剂污染地清理项目“无偿援助协议”，美国援助越南解决二噁英污染问题，项目费用为3.9亿美元。①

2. 越日关系

2018年，越日两国双边合作进一步加强。10月，阮春福访日并出席“日本－湄公河流域国家峰会”，双方签署了总值近100亿美元的19份合作协议，将基础设施建设、教育培训、环境保护、智慧城市建设列为优先事项。② 经贸方面，2018年，日本是越南第一大外资来源国。日本对越投资80亿美元，占越南外资总额的30%，投资项目约4200个，总注册资金为570亿美元。日本对越援助额近300亿美元，涉及医疗卫生、教育、环保等领域。③ 安全方面，5月，陈大光访日，重点讨论解决战后遗留问题的合作，共同应对网络犯罪、恐怖主义、食品安全等非传统安全问题。

3. 越俄关系

2018年，越俄关系进一步深化，各领域合作呈现良好态势，政治互信不断加强。9月，阮富仲访问俄罗斯，11月，俄罗斯总理梅德韦杰夫访越，两国共签署13份重要文件，涉及政治、经济、文化、能源等领域。④ 同年，越俄贸易额达45.7亿美元，同比增长28.6%，越南从俄罗斯进口钢铁、机械，并对俄罗斯出口大米、咖啡等产品。2018年，俄罗斯新增8个对越投资项目，注册总额达4263万美元，涉及石油开采、电信、农业、养殖等领

---

① 〔越南〕《越美双方签署协议清理越战遗留毒剂》，越南通讯社，2018年5月11日，https：//zh. vietnamplus. vn/越美双方签署协议清理越战遗留毒剂/80125. vnp。

② 〔越南〕《阮春福圆满结束访日及出席日本与湄公河流域国家峰会之行》，越南通讯社，2018年10月10日，https：//zh. vietnamplus. vn/阮春福圆满结束访日及出席日本与湄公河流域国家峰会之行/86944. vnp。

③ 〔越南〕《日本向越南8个基础设施项目提供无偿援助》，越南通讯社，2019年3月8日，https：//zh. vietnamplus. vn/日本向越南8个基础设施项目提供无偿援助/92965. vnp。

④ 〔越南〕《俄罗斯与越南签署多项文件》，越南通讯社，2018年9月7日，https：//zh. vietnamplus. vn/俄罗斯与越南签署多项文件/85352. vnp。

域。同年，越南共接待俄罗斯游客 60 万人次，创历史新高。①

4. 越印关系

2018 年，越印关系继续深化。3 月，陈大光访印，双方签署了《越印农业合作行动计划（2018～2020 年）》《越南原子能研究院与全球核能合作中心谅解备忘录》等文件。② 同年，越印贸易额达 106.9 亿美元，同比增长 40%。其中，出口额近 65.4 亿美元，以机械设备、手机、电脑出口为主；进口额达 41.5 亿美元，进口产品包括钢铁、棉花、水产品、药品、饲料等。③ 安全方面，两国首次举行了海军联合巡逻，涵盖海陆空军各兵种，重点打击跨国犯罪、人口贩卖，维护航行安全。

5. 越韩关系

2018 年，越韩两国高层接触频繁，不断深化战略合作伙伴关系。3 月，韩国总统文在寅访越，双方签署了《城市建设与发展合作备忘录》《应对 4.0 工业革命挑战的合作备忘录》《关于促进越韩贸易平衡，实现 2020 年将越韩双边贸易额提升至 1000 亿美元行动计划的谅解备忘录》等文件。2018 年，越韩贸易突破 600 亿美元大关，同比增长 21.4%。其中，越南对韩出口额达 196 亿美元，出口产品包括纺织品服装、手机及零件和水产品。进口 486.2 亿美元，主要进口钢铁、塑料、化学品等原料。投资方面，韩国对越投资项目共 7300 个。同年，越南共接待韩国旅客 348 万人次，占越南国际游客接待量的 22.5%。④

（三）周边外交有声有色

1. 中越全面战略伙伴关系深入推进

2018 年，中越关系继续向纵深发展。7 月，两党在胡志明市召开了第十

---

① 〔越南〕《越南与俄罗斯经济合作突破增长》，越南通讯社，2019 年 2 月 20 日，https：//zh. vietnamplus. vn/越南与俄罗斯经济合作突破增长/92223. vnp。

② 〔越南〕《越南国家主席陈大光与印度总理莫迪举行会谈》，越南通讯社，2018 年 3 月 3 日，https：//zh. vietnamplus. vn/越南国家主席陈大光与印度总理莫迪举行会谈/77311. vnp。

③ 〔越南〕《越南对印度的商品出口实现跨越式增长》，越南通讯社，2019 年 1 月 15 日，https：//zh. vietnamplus. vn/越南对印度的商品出口实现跨越式增长/90882. vnp。

④ Korea-Vietnam trade statistic in 2018，KITA. ORG，http：//kita. org/kStat/byCount_ SpeCount. do.

四次理论研讨会，深入讨论有关党建、经济社会发展、文化发展、对外工作、融入国际一体化等两党社会主义建设事业重大议题。[①] 11 月，阮春福出席首届中国国际进口博览会，积极推介越南品牌。同年，中越贸易额高达 1067 亿美元，同比增长 12.71%。其中，越南对华出口额约达 412.68 亿美元，同比增长 16.6%。越南对华进口额达 654.38 亿美元，同比增长 11.7%。[②] 同年，赴越中国游客达 500 万人次，中国成为越南最大客源国。防务方面，10 月，中越签署了《两国国防部至 2025 年的防务合作共同愿景声明》，将共同遵守《关于指导解决越中海上问题基本原则协议》，避免发生冲突，和平解决争端。[③]

2. 越缅全面伙伴关系全面展开

2018 年，越缅全面合作伙伴关系进一步深化。4 月，缅甸国务资政兼外交部部长杜昂山素季访越，双方将继续推动政治、经贸、国防安全、能源、教育等方面的合作，切实推动《越缅全面合作关系行动计划（2018 ~ 2023 年)》尽早签署。[④] 同年，越缅贸易总额近 8.74 亿美元，同比增长 5.5%。越南成为缅甸第七大投资来源地，投资项目 18 个，注册资本达 21 亿美元。[⑤] 防务方面，两国将防务合作延伸至培训军医、搜寻救难等领域。

3. 越泰关系不断巩固

2018 年，越泰双边关系取得了积极进展。政治方面，两国以越泰政治安全联合工作组（JWG）机制为渠道，不断深化传统友好合作关系，推动

---

① 〔越南〕《第十四次越中两党理论研讨会在胡志明市举行》，越南通讯社，2018 年 7 月 6 日，https：//zh. vietnamplus. vn/第十四次越中两党理论研讨会在胡志明市举行/82678. vnp。

② 〔越南〕《越南与中国的双边贸易额突破 1000 亿美元大关》，越南共产党电子报，2019 年 1 月 18 日，http：//cn. dangcongsan. vn/news/越南与中国的双边贸易额突破 1000 亿美元大关 –511383. html。

③ 〔越南〕《越南国防部部长吴春历大将出席第八届北京香山论坛》，越南通讯社，2018 年 10 月 24 日，https：//zh. vietnamplus. vn/越南国防部部长吴春历大将出席第八届北京香山论坛/87513. vnp。

④ 〔越南〕《缅甸巩固与发展党高级代表团访问越南》，越南通讯社，2018 年 12 月 8 日，https：//zh. vietnamplus. vn/缅甸巩固与发展党高级代表团访问越南/89854. vnp。

⑤ 〔越南〕《越缅双边合作混合委员会召开第 9 次会议》，越南通讯社，2019 年 3 月 12 日，https：//zh. vietnamplus. vn/越缅双边合作混合委员会召开第 9 次会议/93138. vnp。

在气候变化、能源安全、食品安全、疾病纺织等领域的合作。① 同年，泰国是越南在东盟中最大的贸易伙伴，双边贸易额达153亿美元，年均增长率为15.5%。防务方面，11月，越南国防部副部长潘文江访泰，就反恐合作等进行沟通。② 12月，泰国海军舰艇访问越南富国岛，双方举行副部长级防务对话，同意设立国防热线电话，并促进海上执法力量的合作。③

4. 越柬关系持续推进

2018年，越柬两国关系继续保持良好势头。12月，柬埔寨首相洪森出访越南，双方签署了《关于2018～2025年交通运输合作战略》《至2030年的政府间合作备忘录》等文件。④ 同年，越柬贸易额达46.8亿美元，同比增长23.2%。越南对柬投资项目210个，注册资金为30.3亿美元。旅游方面，越南游客到访柬埔寨人数达80万人次，柬埔寨赴越游客数量为20.3万人次。⑤

5. 越老特殊团结和全面合作关系继续深化

2018年，越老特殊团结与全面合作关系不断深入。2月，在第40次越老政府间联合委员会上，双方共达成12项合作文件。⑥ 经贸方面，双边贸易额达10亿美元，同比增长13%，越南主要出口石油、化肥、钢铁，主要进口矿产、木制品及玉米等农产品。⑦ 同年，越南对老共投资409个项目，

---

① 〔越南〕《越泰两国加强政治安全合作》，越南通讯社，2018年8月7日，https://zh.vietnamplus.vn/越泰两国加强政治安全合作/84022.vnp。

② 〔越南〕《越南与泰国促进防务合作》，越南通讯社，2018年11月24日，https://zh.vietnamplus.vn/越南与泰国促进防务合作/88802.vnp。

③ 〔越南〕《泰国海军舰艇访问越南富国岛》，越南通讯社，2018年12月3日，https://zh.vietnamplus.vn/泰国海军舰艇访问越南富国岛/89194.vnp。

④ 〔越南〕《柬埔寨首相洪森圆满结束对越访问之行》，越南通讯社，2018年12月8日，https://zh.vietnamplus.vn/柬埔寨首相洪森圆满结束对越访问之行/89425.vnp。

⑤ 〔越南〕《高棉时报：越柬经济合作是未来发展的动力》，越南通讯社，2019年2月25日，https://zh.vietnamplus.vn/高棉时报：越柬经济合作是未来发展的动力/92441.vnp。

⑥ 〔越南〕《越老两国政府总理共同主持召开越老政府间联合委员会第40次会议》，越南通讯社，2018年2月5日，https://zh.vietnamplus.vn/越老两国政府总理共同主持召开越老政府间联合委员会第40次会议/76373.vnp。

⑦ 〔越南〕《不断推动越老经贸合作发展》，2019年2月23日，https://zh.vietnamplus.vn/不断推动越老经贸合作发展/92360.vnp。

涉及水电、采矿、运输等领域。① 教育方面，两国继续落实《提高越老人力资源培训领域合作质量与效率提案（2011～2020）》，越南每年为老挝提供1000个奖学金名额。②

① 《2018年老挝与越南贸易额增长13%》，中华人民共和国商务部，2019年1月9日，http：//www.mofcom.gov.cn/article/i/jyjl/j/201901/20190102824801.shtml。

② 〔越南〕《越南驻老挝大使：越老各领域务实合作成果丰富》，越南通讯社，2018年12月15日，https：//zh.vietnamplus.vn/越南驻老挝大使：越老各领域务实合作成果丰富/89717.vnp。

权威报告·一手数据·特色资源

皮书数据库

ANNUAL REPORT(YEARBOOK) DATABASE

当代中国经济与社会发展高端智库平台

所获荣誉

- 2016年，入选“‘十三五’国家重点电子出版物出版规划骨干工程”
- 2015年，荣获“搜索中国正能量 点赞2015”“创新中国科技创新奖”
- 2013年，荣获“中国出版政府奖·网络出版物奖”提名奖
- 连续多年荣获中国数字出版博览会“数字出版·优秀品牌”奖

WWW.PISHU.COM.CN

成为会员

通过网址www.pishu.com.cn访问皮书数据库网站或下载皮书数据库APP，进行手机号码验证或邮箱验证即可成为皮书数据库会员。

会员福利

- 已注册用户购书后可免费获赠100元皮书数据库充值卡。刮开充值卡涂层获取充值密码，登录并进入“会员中心”—“在线充值”—“充值卡充值”，充值成功即可购买和查看数据库内容。
- 会员福利最终解释权归社会科学文献出版社所有。

数据库服务热线：400-008-6695
数据库服务QQ：2475522410
数据库服务邮箱：database@ssap.cn
图书销售热线：010-59367070/7028
图书服务QQ：1265056568
图书服务邮箱：duzhe@ssap.cn

社会科学文献出版社 SOCIAL SCIENCES ACADEMIC PRESS (CHINA) 皮书系列
卡号：456333397596
密码：

S 基本子库
SUB DATABASE

中国社会发展数据库（下设 12 个子库）

全面整合国内外中国社会发展研究成果，汇聚独家统计数据、深度分析报告，涉及社会、人口、政治、教育、法律等 12 个领域，为了解中国社会发展动态、跟踪社会核心热点、分析社会发展趋势提供一站式资源搜索和数据分析与挖掘服务。

中国经济发展数据库（下设 12 个子库）

基于“皮书系列”中涉及中国经济发展的研究资料构建，内容涵盖宏观经济、农业经济、工业经济、产业经济等 12 个重点经济领域，为实时掌控经济运行态势、把握经济发展规律、洞察经济形势、进行经济决策提供参考和依据。

中国行业发展数据库（下设 17 个子库）

以中国国民经济行业分类为依据，覆盖金融业、旅游、医疗卫生、交通运输、能源矿产等 100 多个行业，跟踪分析国民经济相关行业市场运行状况和政策导向，汇集行业发展前沿资讯，为投资、从业及各种经济决策提供理论基础和实践指导。

中国区域发展数据库（下设 6 个子库）

对中国特定区域内的经济、社会、文化等领域现状与发展情况进行深度分析和预测，研究层级至县及县以下行政区，涉及地区、区域经济体、城市、农村等不同维度。为地方经济社会宏观态势研究、发展经验研究、案例分析提供数据服务。

中国文化传媒数据库（下设 18 个子库）

汇聚文化传媒领域专家观点、热点资讯，梳理国内外中国文化发展相关学术研究成果、一手统计数据，涵盖文化产业、新闻传播、电影娱乐、文学艺术、群众文化等 18 个重点研究领域。为文化传媒研究提供相关数据、研究报告和综合分析服务。

世界经济与国际关系数据库（下设 6 个子库）

立足“皮书系列”世界经济、国际关系相关学术资源，整合世界经济、国际政治、世界文化与科技、全球性问题、国际组织与国际法、区域研究 6 大领域研究成果，为世界经济与国际关系研究提供全方位数据分析，为决策和形势研判提供参考。

法律声明